Meditaciones lunares

© Ana Carracedo
© Mado Martínez (coordinadora editorial)
© Editorial Odeón, 2016
Tlf.: (+34) 952 714 395
Fax: (+34) 952 714 342
Canteros 3-7 -29300- Archidona (Málaga). SPAIN
info@editorialodeon.com
www.editorialodeon.com

Editorial Odeón es un sello de © Ediciones Aljibe, S. L.
www.edicionesaljibe.com

I.S.B.N.: 978-84-9700-824-2
Depósito legal: MA 573-2016

Diseño y maquetación: Al-Ophiucus XXII
Diseño de cubierta: © Rayna Petrova
Imagen de cubierta: © Detelina Petkova, © David M. Schrader

Imprime: Imagraf. Málaga.

Esta obra, así como el contenido multimedia que la acompaña, está destinada exclusivamente para uso privado. Si desea hacer uso de la misma con fines lucrativos o de carácter público, deberá necesariamente solicitar una licencia destinada a tal efecto. Cualquier forma de reproducción, distribución, comunicación pública o transformación del contenido de esta obra en parte o en su totalidad, solo puede ser realizada con la autorización de sus titulares, salvo excepción prevista por la ley.

Ana Carracedo

Meditaciones
lunares

Editorial
ODEON

*A quienes confiasteis en mí,
a quienes buscasteis mi apoyo y mi consejo,
a quienes elegisteis mi voz para que os guiase
por los ocultos senderos de la mente
y los secretos caminos del espíritu.*

Índice

Prólogo 11

Introducción: Luna, Luna 13

Aprendiendo a vaciar la mente 17
    19   Ejercicio 1: liberar la mente
    21   Ejercicio 2: ver el universo

Aprendiendo a relajar el cuerpo 25
    27   Ejercicio 3: soltar el aire

Aprendiendo a visualizar 31
    33   Ejercicio 4: el cine
    36   Ejercicio 5: las cuatro estaciones

Profundizando en la visualización 39

Tu Yo ancestral 43
    44   Ejercicio 6: conectando con tu Yo Ancestral

- Un ciclo inmutable y eterno 51
    - 54 Ejercicio 7: el huevo cósmico

- Luna Creciente: la doncella 61
    - 64 Ejercicio 8: cazando el creciente
    - 67 Ejercicio 9: el aura
    - 73 Ejercicio 10: la flor
    - 79 Ejercicio 11: la crisálida

- Luna Llena: la madre 85
    - 87 Ejercicio 12: el camino de la Luna
    - 92 Ejercicio 13: el árbol de los mundos
    - 98 Ejercicio 14: tu animal totémico

- Luna Menguante: la anciana 103
    - 106 Ejercicio 15: gracias
    - 110 Ejercicio 16: el perdón
    - 116 Ejercicio 17: limpieza de armarios
    - 128 Ejercicio 18: flotación

- Luna Nueva: la muerte que no es la muerte 133
    - 135 Ejercicio 19: la nada
    - 140 Ejercicio 20: luz y oscuridad
    - 146 Ejercicio 21: el santuario interior

- Epílogo 153

- Agenda lunar 155

Prólogo

Cuánto trabajo me costó elegir una primera frase para este libro. Le di vueltas y vueltas a muchas ideas, tratando de decidir si debería decantarme por el lado poético o si sería mejor darle un enfoque un poco más realista, buscando palabras "con gancho" que atrapasen enseguida al lector. Pero, mientras escribía líneas que eliminaba prácticamente de inmediato, me di cuenta de la realidad de un hecho del que no me había percatado hasta ese momento, de una verdad que, tengo la absoluta certeza de ello, no ha variado desde ese instante en el que el primer hombre tomó conciencia de sí mismo: no existe raza, ni nacionalidad, ni credo, ni hay, hubo o habrá diferencia alguna que pueda hacer que un ser humano deje de levantar su mirada hacia los cielos en una noche de Luna llena y se sienta atrapado por el poder que emana, por su misterioso influjo, por su efecto material y espiritual en la realidad que vivimos, haciendo que una sonrisa nos aflore en el rostro, que un escalofrío nos recorra la espalda, que deseemos abrazar a quien tenemos al lado o que nuestros pulmones se llenen al máximo con ese aire, tocado por la luz de plata que nos regala el espejo de la Luna y que, a través del más largo y profundo de los suspiros, descubramos un instante de paz.

Desde niña he tenido una estrecha vinculación con el astro lunar. Siempre he podido sentir cómo la Luna, sus movimientos y sus cambios, tienen un reflejo en un mis propios movimientos, en mis propios cambios, en mi evolución como persona. He de decir que la naturaleza ha intervenido a mi favor, pues tuve la suerte de venir al mundo con una cierta sensibilidad que ha logrado contrarrestar el sentido práctico del mundo moderno, sus imposiciones y sus dogmas, haciendo de mí una rebelde (en el más amplio sentido de la palabra) que todavía es capaz de sentir en su interior parte del espíritu salvaje y natural de los primeros habitantes de la Tierra. Esta es una capacidad innata del ser humano y mi deseo, con este libro, es despertarla en ti a través de la práctica de una serie de ejercicios de meditación que te permitirán alcanzar mayores índices de armonía con tu "Yo" interior y natural, con tu "alma antigua". El equilibrio y la energía que obtendrás, como beneficios de la Luna, se verán rápidamente reflejados en tu aspecto exterior, en tu salud, en tu carácter y en tu manera de relacionarte con el resto del mundo.

Este cuaderno de ejercicios prácticos es una guía para que puedas recorrer el sendero que nos llevará desde las técnicas más básicas de concentración y relajación, hasta la comprensión y ejecución natural de las más complejas visualizaciones. La energía lunar nos acompañará en este sendero, que nos preparará para seguir avanzando y poder tomar el camino, mucho más íntimo y personal, de la meditación profunda.

Nuestras vidas son como "hilos de plata" que nos unen a la realidad. Te invito a que coloques tus pies descalzos sobre el camino de la Luna, ese camino de luz argéntea que cada Luna llena crea sobre el mundo y en el que, una vez que hayas dado el primer paso, entenderás que caminar es mucho más que limitarse a poner un pie delante del otro.

Introducción:
Luna, Luna

Para entender la relación tan íntima y las conexiones históricamente demostradas del ser humano con la Luna, hemos de pasar por algunas vinculaciones o nexos místicos y antropológicos que nos han llevado a conocernos y entendernos mucho mejor, entre nosotros y a nosotros mismos. Nuestros antepasados tenían una sabiduría de la que nosotros carecemos, pero nos dejaron las claves para que podamos recuperar ese saber que se nos prohibió a lo largo de miles de años dedicados al progreso, a la civilización y a separar nuestra mitad consciente, lógica y programada de nuestra otra mitad creativa, natural, instintiva y libre.

Si hay algo que muchos han olvidado pero que nadie debería ignorar, es el hecho incuestionable de que en el Universo todo está unido, todo está relacionado entre sí. No soy yo quien lo afirma, ni estoy hablando de un axioma de la New Age, ni de la recuperación de paradigmas de los antiguos paganos. Es la mismísima ciencia quien lo afirma. La Teoría de Cuerdas y la física cuántica sustentan y alimentan las ideas de una energía global y vibrante de la que todo forma parte.

Ay, cuánto del Kybalión subyace en las hipótesis, antítesis y síntesis planteadas por las mentes más avanzadas, respetadas y consideradas de todos los tiempos, y que durante siglos se consideró superstición o brujería y como tal fue perseguido y castigado.

Pero no importa quién lo afirme, todo nos lleva al mismo lugar, al "hilo de plata", a los misterios de la Tabla Esmeralda y sus palabras arcanas y ancestrales: "lo que está arriba, como lo que está abajo"; referidas a que no podemos sustraernos de las influencias que el Universo tiene en nuestros biorritmos y en los del planeta que habitamos. Y arriba, esperando recuperar su antigua unión con el ser humano, está ella, la bella, la misteriosa y poderosa Luna de la que, los que estamos abajo, hemos estado a punto de olvidarnos.

Pero no todo hombre o mujer está preparado para presentar su cuerpo y su espíritu a las energías e influjos que proceden del astro lunar, pues al igual que cualquier otra disciplina que nos haga mejorar como seres humanos hay que practicarla. Hay que aprender, hemos de abrir nuestra mente para conocer y saber, pues del conocimiento viene la comprensión y de ésta la sabiduría que nos llevará a conectarnos con nuestra naturaleza, con la energía que emana de la Luna. Así pues, voy a empezar por la mística de su relación como deidad para con el hombre, aunque de una manera sencilla y breve, pues no es mi intención dar lecciones de historia, sino sólo un pequeño empujoncito que nos reconecte con la Mente Universal y nos ayude a recordar y recuperar los conocimientos ancestrales que necesitamos para que meditar con la Luna sea una experiencia extraordinaria.

Para comenzar, quiero contarte una historia de la Luna, pero no de una luna cualquiera, sino de la Luna llena que, en el Hemisferio Norte, da inicio al calendario zodiacal: la Luna llena del Carnero o de Aries, la Luna llena Vernal o primera Luna llena tras el equinoccio de primavera. Esta luna se utiliza como referencia para determinar, por ejemplo, la fecha de celebración de una de las más importantes fiestas cristianas, la Pascua, y que en el Hemisferio Sur se corresponde con la Luna llena de Libra, la primera tras el equinoccio otoñal.

Esta leyenda o mito religioso de tiempos inmemoriales, ha sido rescatada de las mitologías nórdica y céltica, y es sólo una de las muchas que existen y que vinculan la Luna como elemento astronómico y la Luna como concepto arquetípico de una divinidad femenina y espiritual que sigue estando vigente en los actuales ritos de la festividad pascual.

«Hace muchos siglos, mucho antes de que los humanos fuesen los más importantes de todos los pobladores de la Tierra, en los países nórdicos se veneraba a una diosa lunar a quien se dirigían con el nombre de Eostre. Esta deidad, cuyo espíritu maternal y amoroso no diferenciaba entre los seres pensantes y los salvajes, era homenajeada por hombres y mujeres en la primera luna llena tras el momento en que el día y la noche se encontraban en perfecto equilibrio. Era un tiempo muy importante para todas las criaturas, ya perteneciesen al mundo de la sangre o al de la savia, pues la primavera traía consigo el renacer de todo lo animal o vegetal y, por tanto, era crucial para la supervivencia de los seres humanos. Esta era la razón por la que la diosa Eostre era celebrada con gran pompa y boato a pesar de que, dada la latitud de las tierras en las que era venerada, el frío invernal todavía no se había marchado y la primavera solía venir lenta y tardía.

Así, mientras los nórdicos festejaban un año especialmente gélido y de invierno terriblemente largo, la diosa lunar, en su continuo caminar por los distintos mundos, descubrió caído en el suelo a un pequeño pajarito que no dejaba de temblar, al pobrecillo se le habían congelado las alas y estaba a punto de morir, pues no tenía el abrigo que la piel y la grasa proporcionaban a otros animales. Eostre, compadecida, decidió convertir al pajarito en un conejo para dotarlo así de una protección natural contra las terribles condiciones del clima. El conejito, en agradecimiento a las atenciones de la diosa, decidió no abandonarla jamás y, para rememorar ese momento, cada año, en la plenitud de la Luna llena vernal, el conejito pone un huevo de colores con el que demuestra su eterna gratitud y amor incondicional hacia su salvadora.»

Esta historia viene siempre a mi memoria cuando la Luna llena asoma por el horizonte y veo grabada en el interior de su plateada superficie la silueta del conejo que juró acompañar a la diosa hasta el final de los tiempos. Ese conejo, tiene mucho que ver con los conejitos, los pollitos y los huevos tan típicos de las fiestas de la Pascua cristiana. Incluso el propio nombre de la diosa Eostre tiene una importante relación etimológica con los términos utilizados para denominar la Pascua en las lenguas nórdicas. Así, los ingleses e islandeses la llaman Easter y los alemanes Ostern. La fiesta celta y pagana del Equinoccio Vernal tiene el nombre de Ostara y, como última referencia a esta divinidad lunar y a la ancestral conexión de su culto con el ser humano, no debemos olvidar que en el nombre de la diosa Eostre está el origen de la palabra "estrógeno", la denominación de la hormona femenina. ¿Hay más bella forma de vincular el aspecto biológico y científico de los ciclos de la mujer, con la magia y la mística de la Luna? Yo no lo creo.

Aprendiendo
a vaciar la mente

La mayoría de las personas son incapaces de relajar su cuerpo, de soltar la tensión, incapaces de relajar su mente, descansarla y liberarla del continuo flujo de pensamientos conscientes productores de estrés e intranquilidad. La dificultad aumenta si intentamos, desde el interior de la mente, visualizar o percibir olores y sabores, recrear sensaciones táctiles o escuchar sonidos que proceden únicamente de la mente. Con la adecuada formación, conseguiríamos vivenciarlo de forma similar a la realidad que nos rodea.

Para nuestro cerebro, realidad y fantasía no son en absoluto diferentes, por eso sufrimos con los personajes de las películas o nos inunda la misma felicidad que al protagonista del libro que estamos leyendo. La mente, aunque en nuestra parte lógica sea consciente de que lo que tiene delante es mera ficción, no es capaz de distinguir lo irreal de lo que es real. Así, nos asustamos cuando el tiburón de la película ataca, ahogamos un grito y nos escondemos tras el cojín en el momento en que el zombi se acerca al héroe o sufrimos al ver determinadas noticias en la televisión. Esta es la razón que hace que las emociones y percepciones sensoriales que adquirimos a través de los ejercicios de visualización y meditación afecten directamente al funcionamiento de nuestra mente y, por tanto, a todas nuestras funciones biológicas y energéticas. Porque, para nuestro cerebro, todo es REAL.

Si no tienes por costumbre practicar la meditación o las visualizaciones, te diré que no es complicado. Se puede aprender y con la práctica irás evolucionando y perfeccionando la técnica casi de modo instintivo y natural. Sólo hay que observar nuestra parte lógica y consciente, al mismo tiempo que hemos de intentar que la libre imaginación no nos saque del ejercicio.

No se trata de "poner la mente en blanco". Poner la mente en blanco es imposible. La única manera de lograr algo así sería que tu cerebro se apagara o se desconectara por completo, porque los procesos cerebrales, tanto los lógicos como los creativos, no se pueden detener (a no ser que te extirpen un trozo de cerebro o padezcas algún tipo de enfermedad que bloquee el funcionamiento de determinadas zonas del mismo).

Se trata de relajar el cerebro, "dejarlo ir por su cuenta", de adquirir la suficiente calma mental como para no interferir en la libre circulación de ideas ni en el pensamiento inconsciente. ¿Cómo? Intentando no centrar nuestra mente en nada concreto, procurando que todos los procesos mentales se produzcan de modo ajeno a la voluntad. No es fácil, pero tampoco tan difícil. Con un poco de práctica cualquier persona podrá conseguirlo.

Tras estas indicaciones, estamos listos para abordar nuestros primeros ejercicios. Comenzaremos por dos prácticas sencillas y fáciles de realizar en cualquier momento del día y en cualquier lugar. Antes de llevarlas a cabo, lee los ejercicios al completo y con atención. Tras realizar cada ejercicio, no olvides tomar nota de tus impresiones y experiencias. Te servirá para constatar tu evolución.

Ejercicio 1: liberar la mente

Antes de comenzar anota la hora de inicio del ejercicio para que, al terminar, puedas ver cuánto tiempo has sido capaz de vaciar tu mente y, con la práctica continuada, puedas comprobar tus progresos.

Cierra los ojos y respira profundamente, tomando aire por la nariz y soltándolo luego, despacito, por la boca. Hazlo tres veces concentrándote, únicamente, en tu propia respiración, tratando de sentir cómo el aire va colmándote primero y vaciándote después.

Deja que tu mente se llene con las imágenes y sensaciones que te surjan, sin buscarlas conscientemente, sin guiarlas de ningún modo. Como un observador neutral, intenta dejarlas pasar. Cada vez que creas que te has centrado en un pensamiento o en una imagen y que estás empezando a tomar las riendas de lo que se proyecta en tu mente, intenta obviarlo y dejarlo pasar. Trata de mantenerte así hasta que ya no puedas evitar controlar tus pensamientos. Entonces abre los ojos, mira el reloj y apunta la fecha y cuánto tiempo has sido capaz de "no controlar" la libertad de tu mente.

Observaciones:

Fecha: .... / .... / ....

Meditaciones lunares

Fecha: .... / .... / ....

Fecha: .... / .... / ....

Fecha: .... / .... / ....

Fecha: .... / .... / ....

Ejercicio 2: ver el Universo

Esta práctica es más intimista que la anterior, nos exige una mirada hacia adentro en sentido literal. El tiempo que has de dedicar a este ejercicio es, justamente, el que necesites para sentirte mejor. Yo, por ejemplo, utilizo esta técnica cuando viajo de pasajera en coche, porque los coches elevan mi nivel de estrés; otras personas la usan en las salas de espera cuando el tiempo se les hace eterno, o incluso en sus hogares, cuando necesitan un pequeño break de cinco minutos para descansar de las innumerables tareas y las presiones.

La técnica es muy sencilla. Se trata, simplemente, de relajar el rostro y examinar los residuos de luz que nuestros párpados atrapan cuando cerramos los ojos. Normalmente, cuando cerramos los ojos para algo más largo que un parpadeo, pero más corto que una siesta, es para relajar la vista, concentrarnos en algún tema o no mirar algo que no deseamos ver. En estos casos no prestamos atención a lo que realmente ocurre ante nuestras pupilas, nos vamos directamente a la mente consciente (el hemisferio izquierdo de nuestro cerebro). En resumen: cerramos los ojos y pensamos. ¿En qué? En lo que nos preocupa, en lo que vamos a hacer después, en cuánto tardan en llamarme...

Relaja el rostro y cierra los ojos. Examina los residuos de luz que nuestros párpados atrapan cuando cerramos los ojos. Respira relajadamente y concentra toda tu atención en mirar la parte interna de tus párpados, abandonando todo lo demás, desechando todo pensamiento consciente.

Céntrate sólo en distinguir las formas y colores que los residuos de la luz han depositado ante tus pupilas. Regodéate en ellos, descubrirás que, aun sin ver, somos capaces de percibir tonos, formas y texturas. Déjate llevar por ellas, respirando profunda y calmadamente, desconectando todos tus sentidos excepto esta "visión interna" que nos permite nuestra propia biología y que nos acerca al Universo del que somos parte y que se muestra ante nosotros a través de la apertura del sexto chakra, justo en el entrecejo, como si todo se estuviese produciendo ante la mirada mística de nuestro tercer ojo.

Observaciones:

Fecha: .... / .... / ....

Fecha: .... / .... / ....

Fecha: .... / .... / ....

Fecha: .... / .... / ....

Aprendiendo a vaciar la mente

Fecha: .... / .... / ....

Fecha: .... / .... / ....

Fecha: .... / .... / ....

Fecha: .... / .... / ....

Meditaciones lunares

Fecha: .... / .... / ....

Fecha: .... / .... / ....

Fecha: .... / .... / ....

¿Has disfrutado el ejercicio? ¿Te ha resultado sencillo? Persevera en su práctica y no olvides, cada vez que lo realices, anotar lo que vayas descubriendo de tus universos particulares.

Aprendiendo
a relajar el cuerpo

Ahora que ya hemos aprendido algunos ejercicios para relajar la mente, debemos aprender a relajar el cuerpo, pues la comodidad y la tranquilidad del "yo" físico es muy importante para afrontar de forma óptima las meditaciones.

Hay muchos libros que hablan de la relajación y podemos encontrar numerosos consejos y técnicas en Internet, sin embargo, es frecuente que esos recursos confundan las relajaciones con las visualizaciones o las meditaciones. Es básico distinguir estas técnicas. Cuando se trata de relajar el cuerpo hay que centrarse en el cuerpo, cuando se trata de trabajar la mente para producir efectos tanto en ella como en el cuerpo, hay que centrarse en la mente.

A continuación, vamos a practicar una técnica muy sencilla de relajación del cuerpo. Podemos realizar el ejercicio simplemente para relajarnos o como preparación para una visualización o meditación. Si quieres hacer este ejercicio sólo para relajarte y descansar mejor, hazlo acostado y en una postura cómoda. Si estás en la cama, mejor quítate la almohada. Una buena colocación es la que uno de mis profesores llamaba "de la gamba", boca abajo, ligeramente de medio lado, con las piernas algo separadas, la de arriba ligeramente flexionada y la otra estirada (como se colocan las embarazadas para relajarse en las clases de preparación al parto). El brazo de abajo laso a lo largo de la espalda y con la palma de la mano hacia arriba, y el otro ligeramente flexionado, con la palma hacia abajo, a una distancia cómoda del cuerpo. Ten en cuenta que lo más probable es que te acabes durmiendo.

Si vas a hacerlo como preparación para luego poder visualizar o meditar colócate sentado, con la espalda recta, los pies apoyados en el suelo y las piernas en ángulo recto y las palmas de las manos sobre los muslos. Si tienes la posibilidad de tener la cabeza apoyada siguiendo la línea de la espalda, mucho mejor. Recuerda que la comodidad es muy importante. Cuando tengas el ejercicio controlado lo podrás hacer en cualquier momento y casi en cualquier postura.

Ejercicio 3: soltar el aire

Al igual que en las anteriores prácticas, lee primero todo el ejercicio y luego asegúrate de tener unos minutos de tranquilidad para llevarlo a cabo. Una vez realizado, no olvides anotar tus sensaciones y el resultado obtenido.

Cierra los ojos y respira profundamente, tomando siempre el aire por la nariz. Intenta mantenerlo dentro un par de segundos y luego expúlsalo despacio y suavemente por la boca (despacio, pero sin que te suponga un esfuerzo o incomodidad. En mi grupo de trabajo ha habido personas que forzaban tanto la expulsión del aire que han tenido que hiperventilar). Cuando lo hayas hecho tres o cuatro veces empieza a concentrar tu atención en las distintas partes de tu cuerpo empezando por el rostro. Comprobarás que en cuanto consigas relajar completamente los músculos faciales, el resto del cuerpo se soltará con mayor facilidad.

Primero concéntrate en tu frente, siempre manteniendo una respiración calmada y profunda, siente cómo está en ese momento, si la percibes floja o contraída... Si sientes que está tensa, concéntrate en dicha tensión mientras tomas aire por la nariz y, cuando vayas a expulsarlo por la boca, centra toda tu atención en desviar la tensión de tu frente hacia ese aire. Sentirás que el soplido suave que has estado manteniendo hasta ahora se vuelve un poco más fuerte y más violento, al mismo tiempo que tu frente se relaja y se destensa.

Ahora continúa, de manera ordenada, recorriendo el resto del cuerpo y centrandote en las zonas a relajar con tus inspiraciones y eliminación de la tensión con tus expiraciones. Ten en cuenta que habrá zonas con un grado de tensión mayor que otras, que requieran más de una respiración. El orden a seguir en la relajación del cuerpo será: frente, cejas, ojos, nariz, orejas, mejillas, mandíbula superior, mandíbula inferior, labios (es probable que la boca y los ojos tiendan a entreabrirse un poco). Luego relajarás la zona craneal, el cuello y las cervicales, los hombros, antebrazos, codos, brazos, muñecas, manos y dedos. Después pasarás al pecho y las dorsales, el abdomen y las lumbares, las caderas, la pelvis, los muslos, las rodillas y las corvas, las pantorrillas, los tobillos, los pies y sus dedos. Aunque no lo parezca, este ejercicio de relajación no te llevará más de diez o quince minutos. Lo importante es que mantengas siempre bien controlada la respiración y no olvides cómo funciona: al coger aire por la nariz te centras en la tensión acumulada en esa zona, al soltar el aire por la boca viertes toda esa tensión junto al aire que expulsas. Cuanto mayor sea la tensión mayor será el soplido y puede que alguna zona te exija dos o tres respiraciones completas.

Observaciones:

Fecha: .... /.......... /....................

Fecha: .... /.......... /....................

Aprendiendo a relajar el cuerpo

Fecha: .... / .... / ....

Fecha: .... / .... / ....

Fecha: .... / .... / ....

Fecha: .... / .... / ....

Meditaciones lunares

Fecha: .... /.......... /....................

Fecha: .... /.......... /....................

Fecha: .... /.......... /....................

Fecha: .... /.......... /....................

¿Qué tal te has sentido? ¿A que no es complicado? Ahora ya tienes una buena técnica para esas noches en las que te vas a la cama con algo de estrés y lo de dormir se convierte casi en un imposible.

Aprendiendo
a visualizar

Una vez que has aprendido cómo se pone la mente en blanco, cómo se captura el Universo y cómo se puede relajar el cuerpo, vamos a empezar a tratar las visualizaciones. Según mi experiencia no todos llegamos a visualizar con la misma facilidad y velocidad pero, lo cierto es que, al final, todos somos capaces de hacerlo. Lo hacemos de manera inconsciente en innumerables ocasiones. ¿Cuántas veces hemos imaginado algo de forma tan profunda que hemos llegado incluso a confundirlo con un recuerdo? O, en un momento de máximo estrés, ¿quién no ha imaginado lo que le diría a su jefe y... ¡qué a gusto te quedas después! ¡Y sólo te lo has imaginado! Así que vamos a utilizar este potencial de la mente y vamos a realizar algunos ejercicios que nos permitan visualizar de manera voluntaria y efectiva.

Voy a enseñarte un ejercicio básico de visualización que realizo con quienes entran nuevos en mi grupo de meditación.

¿Recuerdas esas películas antiguas en las que antes de empezar proyectaban unos fotogramas con unos números en orden descendente? Pues eso mismo es lo que vamos a hacer. Como en los ejercicios anteriores, primero lee todo el texto, después, acomódate en una silla o sillón, cierra los ojos y realiza el ejercicio. No olvides que tu respiración debe ser regular y profunda, tomando el aire por la nariz y expulsándolo por la boca.

Ejercicio 4: el cine

Lo que vas a hacer es tratar de imaginar que estás en el cine, sentado en una butaca. Estás sólo tú, nadie más, eres la única persona que hay. Tu asiento está justo en el centro del patio de butacas y toda la sala está a oscuras. Lo único iluminado es la enorme pantalla de cine que ocupa todo el campo de visión que hay frente a tus ojos. Centra tu pensamiento en esa pantalla, hasta que consigas que esa sea la única imagen que ocupe tu mente.

Llegado este momento, imagina que en esa pantalla, que ha ocupado el espacio de tu imaginación totalmente, se proyecta una imagen: es un enorme círculo negro y, en su interior, un gran número "10" de color blanco. Este número estará en la pantalla el tiempo que tardes en realizar una respiración completa, es decir, en inspirar y expirar. Después, ese número será sustituido por un "9", que durará en la pantalla exactamente el mismo tiempo que te lleve realizar la siguiente respiración completa. Has de ir bajando de número en número hasta llegar, finalmente, al "0". Cuando hayas terminado esta cuenta atrás, deja que la pantalla se limpie y vuelva a quedarse en blanco. Realiza un par de respiraciones profundas y abre los ojos.

Observaciones:

Fecha: .... / .... / ....

Fecha: .... / .... / ....

Meditaciones lunares

Fecha: .... / .... / ....

Fecha: .... / .... / ....

Fecha: .... / .... / ....

Fecha: .... / .... / ....

Fecha: .... / .... / ....

Si te desconcentras mientras estás haciendo ejercicio, detente y espera unos instantes antes de intentarlo de nuevo y anotar el número hasta el que lograste llegar antes de perder la concentración, así serás más consciente de tu evolución.

¿Qué tal te encuentras? Quizás este ejercicio te haya resultado más difícil que los anteriores. No pasa nada. La concentración es una simple cuestión de práctica. Lo importante es no desistir.

Cuando seas capaz de hacer este ejercicio con total naturalidad, prueba a aumentar la cuenta, a cambiarle el sentido, a sustituir los números por las letras del abecedario. Se trata de conseguir que seas capaz de visualizar cualquier cosa que te propongas. Y no olvides tomar nota de todas tus experiencias, junto con la fecha en que hagas la práctica.

Ejercicio 5: las cuatro estaciones

A diferencia del anterior, en el que te daba las pautas exactas de lo que tenías que visualizar, en éste únicamente te daré unas breves indicaciones; tendrás que ser tú quien complete todo el cuadro.

Trasládate a tu cine privado y, sentado en tu butaca intenta visualizar esa gran pantalla blanca que ocupará todo tu campo imaginativo. Una vez lo hayas logrado, ya puedes comenzar a trabajar esta nueva visualización.

Se trata de que visualices un árbol, un único árbol pero dentro de su entorno. Con ello has de llenar toda la pantalla de cine que tienes dentro de la mente. Da igual qué clase de árbol imagines, puede ser grande o pequeño, puede estar en la maceta de una terraza, en un jardín, en un prado o en un bosque. Es tu árbol. Elige el momento del día o de la noche que más te guste para visualizarlo: un dorado amanecer o un anochecer rojizo, una noche con luna, un mediodía limpio y radiante... Es tu elección. Pero, tanto tu árbol como su entorno deben estar en plena explosión primaveral, es decir, toda la estampa que imagines debe estar, inequívocamente, teñida por esta estación. Intenta percibir todo lo que significa esta visualización, los colores, los aromas, la luz, las texturas, como si hubieses sido transportado desde la butaca del cine al interior de la pantalla.

Tras la primavera ha de llegar el verano, así que, debes visualizar cómo llega este cambio de estación a tu árbol y a su entorno, intenta sentir los cambios en la temperatura, en el olor del aire, en la paleta de colores... Luego llegará el otoño y el invierno, y tú debes ser el excepcional testigo de todos los efectos que esta evolución estacional tiene en tu árbol y en su entorno. Disfruta de todo ello sabiendo que es algo sólo tuyo, que a nadie más le pertenece, pues ha sido creado por ti, únicamente para ti.

Aprendiendo a visualizar

Observaciones:

Fecha: .... / .... / ....

Fecha: .... / .... / ....

Fecha: .... / .... / ....

Fecha: .... / .... / ....

Fecha: .... / .... / ....

_____

_____

_____

Fecha: _____ / _____ / _____

_____

_____

_____

_____

_____

Fecha: _____ / _____ / _____

_____

_____

_____

_____

No olvides tomar nota de tus impresiones. Apunta todo lo que hayas podido percibir de manera sensorial y no sólo emocional. A medida que vayas repitiendo el ejercicio verás que el cuadro que pintas en cada ocasión se va volviendo cada vez más personal y completo.

Cuando hayas conseguido que los anteriores ejercicios te resulten algo casi tan natural como respirar, estarás preparado para adentrarte en los misterios y beneficios de las visualizaciones y, especialmente, de las que conectarán tus energías con las de la Luna.

Profundizando
en la visualización

Hay quienes dicen que al meditar, estamos integrando nuestra energía física con la del alma, pues cuando nos hallamos en un estado profundo de meditación, la claridad mental y la paz de nuestra mente, unidas a la relajación de nuestro cuerpo, nos van llevando, de un modo gradual, hasta la estabilidad que todo ser humano necesita para mantenerse en equilibrio a pesar de los cambios que se produzcan en el entorno. Como consecuencia de este estado de quietud, se producen mejoras en nuestro estado general: nuestra salud (tanto mental como física) mejora notablemente, aportando beneficios a nuestro aspecto exterior y también a nuestra capacidad para relacionarnos con el resto del mundo. Podrás observar estas mejoras sólo si la meditación es una constante en tu vida. Si sólo practicas un ratito de vez en cuando te sentirás mejor cuando hayas terminado, pero no obtendrás efectos profundos y duraderos.

Meditar es el arte de "no hacer nada". Es dejar que nuestra mente se libere y todo fluya de manera natural, ascendiendo a un estado de energía pura. Hay muchas formas diferentes de practicar la meditación pero, de momento, no vamos a incidir en ellas. Nosotros vamos a trabajar una manera de conexión con nuestro centro energético y espiritual que está más ligado a las visualizaciones. En nuestros ejercicios, la Luna, el bello y plateado astro que nos acompaña a lo largo de toda nuestra existencia, nos guiará hacia nuestra estabilidad y serenidad interior.

En los próximos capítulos voy a enseñarte unos ejercicios muy sencillos que te permitirán acceder a procesos de concentración profunda y relajación como preparación para los ejercicios de meditación que te propondré, y que te ayudarán a comprender qué son las visualizaciones y cómo llevarlas a cabo.

Pero antes de comenzar con los ejercicios, es importante tener en cuenta una serie de consejos para mejorar el rendimiento del tiempo que dediques, en solitario o en grupo, a practicar cualquier tipo de meditación o, en nuestro caso, visualización:

- **El lugar.** Elige un lugar tranquilo, en el que no te interrumpan durante la meditación. El silencio es una de las claves para una buena meditación, no obstante, hay muchos sonidos ambientales que no tienen por qué ser perturbadores, de hecho, con la experiencia, serás capaz de ignorar cualquier sonido de tu entorno, integrando dichos sonidos en la propia meditación. En un principio puedes utilizar tapones para los oídos o poner música suave (existen discos y cd's recopilatorios preparados, específicamente, para favorecer la meditación).
- **La ropa.** Viste ropa cómoda, suelta y adecuada a la temperatura del lugar elegido, teniendo siempre en cuenta que cuando nos relajamos baja nuestra temperatura corporal.
- **La posición.** Siéntate con los pies apoyados en el suelo y las piernas formando un ángulo recto y algo separadas, la espalda recta, el cuello erguido y las palmas de las manos

apoyadas sobre los muslos. De este modo alineas toda la columna y todos los chakras desde la pelvis a la coronilla, facilitando el flujo de energía y evitando molestias o dolores. Si utilizas una silla sin respaldo podrás evitar la tentación de recostarte y perder la colocación correcta. Hay quien adopta posturas de yoga para meditar, pero eres tú quien tiene que decidir cómo te sentirás más cómodo.

- **El rostro.** Por norma general cerrarás los ojos, aunque al relajarte es muy posible que se entreabran un poquito, al igual que tu boca.
- **La respiración.** Realiza respiraciones profundas y regulares, inspirando por la nariz y expirando por la boca. En tu respiración será en lo primero que te concentres. Todos nuestros ejercicios han de comenzar con, al menos, tres repiraciones profundas: inspiramos profundamente por la nariz, retenemos tres segundos el aire, expiramos con calma por la boca hasta quedar vacíos, realizamos otra apnea y volvemos a tomar aire.
- **Meditación en grupo o en solitario.** Las meditaciones grupales son mucho más agradables. En el caso de las dirigidas, como algunas de las que te propongo en este libro, hay que asegurarse de que quien las dirija utilice una voz suave y cadenciosa, agradable y con cuidado de no ir demasiado rápido para que todo el grupo pueda seguirla sin problemas.
- **Continuidad en la práctica.** Meditar un día no produce más beneficios que los que podemos sentir después de hacer ejercicio. La regularidad en la práctica es lo que convierte el arte de meditar en un auténtico sistema sanador. Procura dedicar cada día, aproximadamente a la misma hora, un mínimo de unos diez o quince minutos a meditar. Después, según tu experiencia te vaya dictando, puedes aumentar el tiempo, hasta lograr meditar durante horas. Aunque ten presente que no debemos descuidar las tareas la vida diaria pues es en ella donde se manifestarán los beneficios de nuestra práctica, de nuestra mente serena.

- **Anotar tus experiencias.** Utiliza el "cuaderno de meditación" para anotar tus descubrimientos y experiencias junto con la fecha en la que las has realizado. Te permitirá verificar tu evolución y, al mismo tiempo, conocerte un poquito mejor.
- **Higiene.** La higiene es importante a la hora de meditar. Procura estar limpio y libre de olores, incluso los perfumes pueden resultar molestos (sobre todo si vas a hacer un ejercicio grupal). Si no puedes darte una ducha antes de realizar los ejercicios, al menos lávate las manos y el rostro.
- **Las distracciones.** Si durante la quietud de la meditación notas picor en alguna parte, escuchas el vuelo de un mosquito o distracciones similares, al principio no podrás evitar rascarte o espantar al mosquito, interrumpiendo así la meditación. Pero según vayas adquiriendo experiencia verás que adquirirás la capacidad de ignorar totalmente al mosquito o a cualquier otra posible distracción que se te presente.
- **Estiramientos.** Estirar bien las distintas partes de tu cuerpo antes de empezar una meditación tonifica el cuerpo y facilitará una buena circulación sanguínea que te ayudará a relajarte con mayor rapidez y comodidad. Si realizas estiramientos tras la meditación prolongarás las sensaciones físicas de bienestar y volverás a optimizar todas tus funciones corporales mediante la reactivación del sistema circulatorio, ayudando a que elimines toxinas acumuladas con mayor rapidez, ya que estás activando el metabolismo que has ralentizado durante la meditación.

Comenzaremos ahora nuestros ejercicios, algo más complejos, de visualización.

Tu Yo ancestral

Te propongo un nuevo ejercicio, se trata de una visualización en la que intentaremos que las palabras de este libro se conviertan en sonidos e imágenes en el interior de tu mente, de modo que puedas sentirlas como si viniesen a ti, de tu Ser Antiguo que se mantiene latente en la parte más profunda de tu cerebro, en lo que me gusta llamar tu "Yo Ancestral".

Este ejercicio consta de dos partes. Antes de comenzar a realizar el ejercicio, es importante leerlo al completo. Una vez que hayas finalizado la primera parte, sin perder tu Yo Ancestral con el que habrás conectado, pasarás a realizar la segunda, en la que debes leer la visualización que se plantea imaginando que alguien, con una voz agradable y cadenciosa, te la está leyendo, como si ante tus ojos se proyectase una película de cine que va mostrándote las imágenes narradas por esa voz. Otra opción, si el ejercicio se realiza en grupo, es que alguien lea los textos, así, podrás mantener mejor la anterior visualización.

Ejercicio 6: conectando con tu Yo Ancestral

Quiero que cierres los ojos un momento e imagines que eres uno de aquellos primeros hombres y mujeres que poblaron la Tierra. Esfuérzate en tu visualización y siente cómo te despojas de todo lo que en ti significa modernidad: tu ropa, tus adornos, tu entorno artificial, y sustituye tu naturaleza habitual y consciente por otra mucho más antigua, salvaje y desnuda.

Imagínate en lo alto de una montaña, en medio de un páramo o a la orilla del mar, donde seas capaz de sentir una soledad voluntaria y tranquila, elegida y sin nada de miedo, como si ese territorio que ocupas y todo lo que pueden percibir tus sentidos te perteneciese únicamente a ti, con la certeza de que nada perturbará tu calma ni alterará tu presencia en ese lugar que es tuyo.

Deja que tu mente te permita disfrutar del entorno, obsérvalo todo, investiga lo que te rodea y, cuando te sientas a gusto y notes que verdaderamente formas parte de ese lugar, imagina que te pones en cuclillas junto a los restos de una pequeña hoguera casi extinguida. Tu olfato puede detectar, entre el olor del humo, los aromas de ramas de diferentes árboles, y tus ojos observan las piedras ennegrecidas que, formando un círculo, dan cobijo al fuego sagrado que está próximo a morir.

Respirando por la nariz, llena de aire tus pulmones, mantenlo un par de segundos y luego expúlsalo por la boca en un soplido sonoro y decidido. Después, mientras vuelves a tu respiración normal, imagina que con los dedos tomas un poco de la ceniza de la hoguera y pinta en tu frente el más poderoso y simple de todos los símbolos: el círculo. Para ayudarte a sentir esta visualización puedes, manteniendo tu misma postura relajada y meditativa, mover tus brazos y reproducir el movimiento de marcar tu frente con el círculo (esto puede hacer que te introduzcas más profundamente en el ejercicio). Puedes incluso marcar con ceniza más símbolos en tu cuerpo, atrapar a ese ser ancestral que vive en ti y dejar que tu mente se quede conectada a él, recreándote durante un rato en la sensación de haberte despojado de tu Yo Actual, y de haberlo sustituido por lo que de antiguo y arcano se mantiene preservado en la personalidad que habita lo más profundo y desconocido de tu cerebro.

Cuando estés seguro de que tu visualización es completa y te sientas totalmente integrado con tu Yo Ancestral, podrás pasar a la segunda parte.

Ahora lee la segunda parte de forma tranquila e imaginando que alguien te la está leyendo cadenciosamente. Procura mantener la conexión que has logrado con ese Ser Antiguo, con ese Yo Ancestral que eres ahora y que lleva pintada en la frente un círculo, un símbolo mágico realizado con la ceniza de un fuego sagrado.

Era la más lejana antigüedad. El ser humano miró a los cielos buscando allí la respuesta a todas sus preguntas, era ese un tiempo en que el reducido mundo al que tenía acceso no aportaba soluciones a los más simples misterios de la vida. Aquello que había sobre su cabeza, aquello tan cambiante que hacía que la luz y la sombra tuviesen alternancia, ese manto que cubría el entorno conocido con una cúpula inalcanzable que podía ser tan benévola como terrible, tenía el poder de sobrecoger el espíritu o ampliarlo, del mismo modo que podía permitir el alimento de un pueblo o condenarlo a la más terrible de las hambrunas.

El ser humano siguió mirando al cielo, cada vez más curioso e interesado, ¡no con intención de despejar los enigmas de la ciencia! ¡No con el deseo de resolver los misterios del Universo! Ese ser humano, cuya frente estaba pintada con ceniza, únicamente deseó encontrar el motivo, la razón, de su propia existencia; una explicación que justificase el hecho de ser tan diferente del resto de la creación y, sobre todo, la comprensión de esa misma creación.

Pero el ser humano no esperó a tener respuestas a sus primeras preguntas y siguió planteando otras nuevas, así que le pidió al cielo razones que le permitiesen sentirse como parte de algo mayor, de un Todo más grande e importante, y también pidió superioridad sobre todo lo demás que junto a él existía. Tampoco esperó una respuesta y, por alguna razón, consideró que ese silencio era significativo, pues nada se había declarado en contra de esta reivindicación de ser superior.

Llegó un día en que el ser humano planteó al cielo cuestiones que le eran mucho más cercanas, preguntas sobre la vida y la naturaleza del nacimiento, y decretó la sacralidad del vientre de la mujer. Pero también pidió que se le permitiese comprender las razones de la muerte, se preguntó si ese sería el final de todo y, desde ese punto, comenzó a preguntarse acerca de cualquier acontecimiento, llegando a la conclusión de que, a lo largo de su vida, podían pasar, y de hecho pasarían, muchas cosas: unas serían buenas, otras serían malas; y alguien habría, allí, en lo alto de los cielos, a quien agradecer por unas y a quien culpar por las otras. Así, mirando hacia arriba, con la frente pintada de ceniza, llamó "dioses" a aquello que había descubierto que le afectaba a sí mismo y a todo lo que lo rodeaba: el Sol, la Luna y la propia Tierra sobre la que caminaban sus pies descalzos.

Pero entonces el ser humano se planteó un nuevo dilema: ¿cuál de vosotros es el principal y primero entre los dioses? Y la vida misma le respondió: de entre los tres, adorarás primero al que me represente a mí.

Entonces el ser humano se volvió hacia el resto de los hombres y observó que el principio de la vida era el nacimiento, y que mujeres y hembras eran la únicas que podían llevar a cabo tal milagro. Observó a la mujer y descubrió la enorme similitud entre los ciclos femeninos y los lunares, entre la propia evolución de la hembra y la del astro ya convertido en diosa. Por ese motivo puso a la Luna por encima de todos los demás dioses, para adorarla como dadora de vida y como vencedora de la muerte.

De este modo, seguro ya de que cuantas más preguntas le surgiesen más respuestas le vendrían, el ser humano decidió que ya había aprendido lo suficiente por ese día. Entonces se limpió la ceniza de la frente, cerró los ojos para tomar por la nariz todo el aire que pudiese hasta sentir que ya no podía llenar más sus pulmones y después, con calma, dejó salir todo el aire por la boca produciendo un suave siseo con el que eliminó todos sus miedos, sabiendo que nunca más estaría solo.

A medida que tu Yo Ancestral se va fundiendo en la parte más antigua de tu cerebro, permite que tu Yo Actual vaya tomando el relevo y, cuando te sientas totalmente reconectado al presente desperézate, como si volvieses del más profundo de los sueños. Para terminar, abre los ojos.

Observaciones:

Fecha: .... / .... / ....

Fecha: .... / .... / ....

Meditaciones lunares

Fecha: .... / .... / ....

Fecha: .... / .... / ....

Fecha: .... / .... / ....

Fecha: .... / .... / ....

Fecha: .... / .... / ....

Tu Yo ancestral

Fecha: .... / .... / ....

Fecha: .... / .... / ....

Fecha: .... / .... / ....

Fecha: .... / .... / ....

Fecha: .... / .... / ....

Fecha: .... / .... / ....

Fecha: .... / .... / ....

Fecha: .... / .... / ....

Ahora que ya has terminado la visualización, levántate y acércate al baño y, con agua tibia, límpiate el rostro y las manos para eliminar todos los restos de ceniza. Verás qué agradable sensación. Puede que sientas un poco de mareo o agotamiento, pero no te preocupes, es normal porque estos ejercicios afectan al flujo de tus energías y a tus biorritmos, así que estaría bien que comieses algo o te tomases alguna bebida con azúcar.

Un ciclo
inmutable y eterno

Nuestros antepasados, a base de mucha observación, se percataron de la enorme similitud entre los ciclos lunares y los ciclos femeninos, de la relación entre la cercanía (o tamaño) de la Luna y la ferocidad de las mareas y de las reacciones "lunáticas" de algunos animales, vegetales, e incluso de algunos individuos. Asimismo, se dieron cuenta de cómo variaba la producción de los cultivos según se sembrase en Luna creciente o menguante.

Con el tiempo, además, fueron conscientes de algo que, durante milenios, hizo que los cultos lunares y matriarcales tuvieran preeminencia sobre los masculinos y solares, que vinieron a sustituirlos mucho tiempo después: la Luna, en determinados momentos, tenía la capacidad de tapar y oscurecer al Sol. Ante estas demostraciones del poder de la divinidad lunar, debió surgir en nuestros antepasado un gran temor: ¡qué terrible sería que la Luna se enfadase tanto que decidiera ocultar el sol para siempre! Tardaron milenios en descubrir que los eclipses eran producidos por la sombra de la Tierra al interponerse entre la Luna y el Sol, así que lo más probable es que los hombres de las eras matriarcales se limitasen a pensar que la diosa, que todos los meses moría y resucitaba, pasaba por algún tipo de proceso que no dependía de los poderes del Sol, ya que éste no era visible en esos momentos.

Hay una importante integración mística y mitológica entre los ciclos lunares y solares que nos descubre que la Luna es, a un tiempo, madre, hija, esposa y hermana del Sol; pero, también, madre, hija, esposa y hermana de sí misma. Así, bajo la épica y el misterio de estas afirmaciones, nacieron los rituales y los cultos con su parafernalia, que nos han acompañado hasta nuestros días.

Una de las cuestiones quizás más fascinantes del tratamiento de los primeros cultos a la figura de la deidad lunar, es la que se refiere a la asimilación de sus fases con las que conforman la vida de la mujer:

- La Doncella, la Luna creciente. Una luna recién nacida, como acostada en una cuna, que poco a poco va adquiriendo carácter, conocimientos, experiencia y sexualidad.
- La Madre, la Luna llena. Una luna en plenitud, al igual que lo está la mujer en su embarazo, preparada para traer al mundo una nueva vida.
- La Anciana, la Luna menguante. Una luna que envejece, al igual que la mujer va cogiendo años, que es cada vez más anciana pero más sabia, que empequeñece hasta desaparecer.
- La Muerte y el Renacer, la Luna desaparece en el novilunio. La Luna muere, al igual que la mujer cuando llega al fin de sus días, y durante tres días se vela a la diosa muerta que transita por el mundo de los muertos. La mujer, aunque no vuelve a la vida, perdura en aquellos que vinieron al mundo a través de ella, pero la Luna sí retorna, renace, vuelve de entre los muertos, "resucita al tercer día" para volver a ser la Doncella, renovando así el ciclo eterno de la vida.

Un ciclo inmutable y eterno

La conexión de los ciclos femenino y lunar es casi una equivalencia con el propio ciclo vital: nacer, crecer, reproducirse, morir y renacer de nuevo para seguir siempre formando parte del nudo interminable, de la eterna e inmutable rueda de la vida.

Esa Luna, que es arquetipo del ideal femenino y de las fuerzas matriarcales y que subyace, aún, en las religiones modernas de corte masculino y solar, que nos regala, de noche en noche, un juego cíclico de formas cambiantes que ha dado lugar a expresiones tan bellas como "El Arco de Diana", a símbolos en banderas, emblemas, insignias y medallas, es con la que vamos a sintonizar en nuestras visualizaciones. En la unión de nuestra energía con la de la Luna adquiriremos un estado de calma y paz mental, que redundará en una mejora de todo lo que somos como seres humanos.

Aunque hemos visto que existe una vinculación ancestral entre los ciclos lunares y los de la mujer, la conexión de las energías cíclicas lunares y las humanas no está restringida a un único sexo, todos podemos beneficiarnos de ella. Para ello, te voy a plantear un nuevo ejercicio. Vamos a hacer un recorrido cíclico junto con la Luna, y una práctica meditativa de visualización en la que pasaremos por las cuatro fases lunares descritas: seremos la Luna que nace y crece, la que es madre, la que envejece y la que muere y renace de nuevo para volver a empezar. Es una visualización que, al leerla, puede parecerte bastante larga, pero descubrirás que tu imaginación no necesitará tanto tiempo para llevarla a cabo.

Ejercicio 7: el huevo cósmico

El huevo cósmico representa la creación, la realidad de que todo existe y que, a su vez, está contenido en un Todo mayor, como esas muñecas rusas, las matriuscas, que vas abriendo y siempre aparece una más pequeña dentro de la anterior. El huevo, por sí mismo, es la máxima representación de la vida, más bien del génesis de una vida, ya que toda vida viene de un huevo, de la protección que proporciona su acogedor abrigo (ya sea el huevo de un animal, el óvulo de una hembra que crece en su útero o la vaina en la que germina una legumbre). Ésta es la razón del peculiar nombre que le he dado a este ejercicio que espero que te resulte vivificante y revitalizador. Y es también la razón por la que ante la típica pregunta de "¿qué fue primero, la gallina o el huevo?" yo siempre responda, con absoluta seguridad, "el huevo".

Recuerda las pautas para preparar la meditación, lee el ejercicio al completo antes de realizarlo y, después, llévalo a la práctica, anotando tus sensaciones al finalizar. Al terminar no te levantes, espera un poco porque este ejercicio es muy intenso y puede que te marees, aunque se pasará enseguida. Por otra parte, si te sientes cómodo visualizando un color diferente del descrito o variando algún detalle, no te preocupes y sigue a tu imaginación.

Quiero que imagines que estás ante la pantalla blanca del cine, respirando profunda y tranquilamente. Desde tu butaca, observas con comodidad, cómo los números pasan, despacio, desde el 10 hasta el 0, permitiendo que todo se vuelva blanco antes de comenzar la película. En ese momento, en lugar de una película, lo único que ves es un pequeño punto azul en medio de la blanca pantalla. Es un punto fijo, justo en el centro, que concentra toda tu atención. El punto, tímidamente al principio y con más confianza después, va empezando a crecer, creando una imagen tridimensional que aparenta querer salirse de la pantalla. Primero es una bola redonda, perfecta, cuya superficie azulada parece tener vida y moverse en ondas continuas, como si estuviese hecha de una especie de mar armónico que se va acompasando, poco a poco, a los latidos de tu corazón.

Pero la bola no desea quedarse quieta, sigue creciendo, sigue saliéndose de la pantalla, cambiando su forma redondeada a otra de aspecto ovoide, pero sin mutar el ondeante y mágico mar azul que forma su superficie. El huevo azul crece y titila hasta alcanzar el tamaño suficiente como para contener a un adulto en postura fetal. Tu cuerpo, sin que necesites hacer el más mínimo esfuerzo, se siente izado de tu asiento y levitas hacia el huevo cósmico que, de alguna manera misteriosa que te resulta totalmente natural, te acoge en su interior, pues ha sido creado, única y exclusivamente, por tu propia mente, con el único fin de que seas tú quien lo habite.

Ahora estás en el útero del Universo, custodiada tu esencia por la serenidad y por el orden que habita en las estructuras cósmicas. Disfruta de la calma, del silencio, de la protección y sustento que te ofrece la cáscara de mar azul, la placenta de ondas cristalinas, la vaina que se mece suave en brazos de la brisa.

Pero la Naturaleza te llama desde el exterior del huevo, te exige nacer, te demanda atenciones a las que no estás obligado donde ahora te encuentras. Así que te debates entre la llamada que escuchas desde fuera y el miedo a cambiar, a abandonar la protección, la seguridad que te supone tener una cáscara que te separa de todo lo demás. Pero la llamada de la Naturaleza es más fuerte que tus miedos y, casi sin pensarlo, te descubres empujando y golpeando con todas tus fuerzas para librarte de la cáscara, hasta que logras salir al exterior.

Lo primero que sientes es frío, un frío enorme y angustioso que trae de vuelta tus miedos, pero al momento te notas acomodado en un regazo cálido, suave, reconocible, como si estuvieses rodeado de una dulce y tibia humedad que es, a un tiempo, alimento y reposo, protección y cuidado. Te recreas en esta sensación, pues has pasado de la seguridad de tu huevo cósmico a la que proporcionan los brazos amorosos de una madre que te recuesta, con infinito cuidado, en la cuna que la **Luna** crea para formar el Arco de Diana.

Casi sin que te des cuenta, los brazos que te acunan y los pechos que te alimentan dejan de ser tu refugio preferido. Eres una energía en plena ebullición que corre de un lado a otro alimentándose de todo tipo de experiencias, de aciertos y de errores, de éxitos y fracasos, que juega, que compite, que crece. A medida que vas creciendo necesitas menos cuidados y adquieres más responsabilidades, jugando a unos juegos diferentes en los que los deseos y las ansias van dejando cada vez menos sitio a las meras necesidades hasta que, finalmente, acaban por sustituirlas. Entonces te das cuenta de que tu tiempo de Doncella está a punto de agotarse, ese período que has dedicado únicamente a adquirir y aprender, se ha terminado. Ha llegado el momento de dar.

Es entonces cuando en tu interior se produce el milagro. En lo más profundo de tu ser eres capaz de sentir cómo un pequeño punto de color azul anida suavemente en tus entrañas. Un puntito de color azul que parece sentirse cómodo y a gusto, sabiendo que ese, y no otro, es el lugar en el que debe estar. Todo lo que a tu alrededor existía desaparece al concentrarse tu atención, únicamente, en ese punto azul que, poco a poco, se va volviendo ovoide y tridimensional, creciendo, como si estuviese sobre la pantalla de cine de otra persona. Disfrutas del proceso de verlo crecer, de los cambios y diferencias en el ondeante mar azul que lo rodea y lo forma. Hasta que, a punto ya de ser ocupado el huevo cósmico de tu vientre por aquel ser al que está destinado, la Naturaleza te llama de nuevo y te obliga a empujar fuerte, expulsándolo de ti. Es un proceso duro, doloroso, que te tienta a resistirte, pero no es un dolor físico lo que te impide obedecer la llamada de la vida, es el dolor de la separación, el miedo a desvincularte del huevo que se ha creado en ti, a partir de ti, que creías que te pertenecía. Pero, como siempre, la Naturaleza grita más alto que tus deseos o tus miedos, así que empujas, de nuevo y con fuerza, y sientes cómo el huevo cósmico resbala por tu esencia hasta salir de ti un receptáculo ya preparado para comenzar su andadura. Lo observas, sin tristeza, superada ya la sensación de haber perdido algo que era tuyo; lo ves partir con amor y con orgullo, te parece mentira que de alguien como tú haya podido salir algo tan hermoso, tan pleno, tal vital. Y lo dejas marchar para que busque su propio destino mientras tú te dejas llevar, al fin, por el cansancio, pues tu alma, conectada con el espíritu de la **Luna** llena, acaba de ser madre.

La maternidad te ha permitido sentir cosas que no hubieras podido recibir desde ningún otro estado, has sido capaz de transmitir lo mismo que a ti te trasmitieron, de sacar de tu interior lo mismo que creó tu propia esencia. Ha llegado el momento de cambiar, de dejar de simplemente aprender y adquirir para añadir a ello el enseñar y el dar.

Envejecer es un camino que está hecho de la comprensión de las experiencias acumuladas con el tiempo, es el normal discurrir de la vida, el sendero que nos lleva a ser más sabios cuanto más generosos seamos con nuestra propia sabiduría. Y al dar, al poner a disposición de la gran Mente Universal todo lo adquirido, nuestra energía se va volviendo cada vez más inaprensible y etérea, más volátil, más débil, más cansada y más anciana, hasta que al agotar su volcado de saber, decae por completo y muere.

Pero tú y yo sabemos que la muerte es únicamente un estado, una parada en el camino, un impacto esperado que produce un cambio igual de esperado, tal y como nos lo cuenta el arcano del tarot. Es una estación de servicio en la que tu tiempo se detendrá mientras, para el resto del mundo, pasarán tres días con sus noches, un tiempo en un lugar en el que puedes comulgar y comunicarte contigo mismo, con la esencia de tu Yo Verdadero, caminando por un mundo de apagones en el que la muerte, como tal, ni existe, ni existirá jamás. Sólo es un tránsito, un período de reflexión para que puedas evaluar la vida recorrida desde tu huevo cósmico, donde quedarás varado y detenido hasta que puedas decir: "Deseo vivir". Y entonces volverás a la butaca del cine, verás la pantalla en blanco y decidirás, mientras empiezan a proyectarse los números del 10 al 0, si quieres revivir el ciclo o si prefieres volver al punto en el que, ahora mismo, eres una realidad. Cuando esto suceda, sólo respira profundamente y abre los ojos.

Observaciones:

Fecha: .... / .... / ....

Fecha: .... / .... / ....

Fecha: .... / .... / ....

Un ciclo inmutable y eterno

Fecha: .... / .... / ....

Fecha: .... / .... / ....

Fecha: .... / .... / ....

Meditaciones lunares

Fecha: .... / .... / ....

Fecha: .... / .... / ....

Fecha: .... / .... / ....

Fecha: .... / .... / ....

Luna creciente:
la doncella

Nos encontramos ante una delgada línea curva, brillante y luminosa, la primera que la Luna nos ofrece tras haber desaparecido durante el novilunio y que durará únicamente un par de días. Es el Arco de Diana, el arma que portaba la Doncella Cazadora (diosa de carácter lunar).También se dice de ella que "la Luna vieja está yaciendo en brazos de la nueva", como un homenaje al aspecto oscuro del astro que revive directamente acunado por su propia naturaleza renacida, cíclica y eterna.

La Luna creciente ha sido reconocida, prácticamente, en todas las religiones antiguas como el reinicio del ciclo, incluso, ha sido representada conteniendo en sus brazos al Sol. Así, todas las deidades representadas por vacas, como Semíramis, diosa de los babilonios, o Hathor, de los egipcios, presentaban entre sus cuernos (símbolo de la Luna creciente) el disco solar (Hijo de la Luna).

Por tanto, la Luna creciente, símbolo de la energía que renace, propicia todo aquello que deseamos que crezca, prospere o que queremos que salga adelante. Es el tiempo de hacer todo aquello para lo que deseamos un rápido crecimiento. También se dice que es la época en la que encontramos gran parte de las cosas que hemos perdido.

Esta fase de la Luna creciente que, tras la Luna nueva hasta la Luna llena, viene a durar unos catorce días, se perfecciona en lo que conocemos como Cuarto Creciente, que es el momento justo en el que la Luna nos muestra únicamente su mitad, completa y perfecta, y es cuando muchas personas deciden realizar alguna meditación o ejercicio especial para conectar su energía personal con la equilibrada de la Luna.

Estos catorce días de la fase creciente lunar se dividen en dos períodos de siete días:

- Primer Cuarto Creciente: empieza en el instante en que aparece el Arco de Diana y termina cuando podemos ver, al completo, la mitad perfecta de la Luna. Esta fase es la que podríamos relacionar con las energías potenciales. Es un tiempo que deberíamos dedicar a reflexionar sobre las ideas y proyectos que nos gustaría poner en práctica, pues en este momento nos resultará más fácil decidir qué deberíamos desechar por utópico, no realista o irrealizable, es decir, distinguir lo viable de lo inviable.

- Segundo Cuarto Creciente: es el que va desde el Cuarto Perfecto (o visualización perfecta de la mitad de la Luna), hasta el plenilunio. Si en la fase anterior me refería a las energías potenciales, ésta conlleva un verdadero empuje y crecimiento. Se puede producir alguna que otra pequeña crisis, pues el paso de potencial a efectivo hace que, en ocasiones, tengamos unos instantes en que los miedos y las dudas nos intentan poner freno. ¡No te dejes! Enfrenta esos miedos y esas dudas porque ésta es la parte en la que el cerebro y el cuerpo se ponen de acuerdo para pasar de la reflexión a la acción, el momento de dar los primeros pasos, de poner la primera piedra para que esas ideas y proyectos con los que te has quedado empiecen a convertirse en algo real.

Hay una gran cantidad de meditaciones sobre esta fase lunar. Las hay para realizar en el Cuarto Perfecto, para el Primer Cuarto, para el Segundo Cuarto, para el Arco de Diana, sólo para los dos días previos a la llena... Pero, en mi opinión, no hace falta complicarse tanto. La Luna, la hermosa Luna que nos sonríe desde lo alto, está ahí, creciendo para nosotros del mismo modo que nosotros crecemos para la vida. Así que, siéntete libre para realizar tus ejercicios en el momento del creciente que más te apetezca. Nadie sabe más de ti que tú mismo.

Te voy a proponer cuatro ejercicios muy diferentes para que los realices cuando te apetezca, pero, por si quieres una orientación, la primera de ellas, "Cazando el creciente", a mí me gusta hacerla en las noches del Arco de Diana, aunque me hace sentir bien en cualquier momento del ciclo; la segunda, "El aura", suelo hacerla en la noche del Cuarto Perfecto; y las otras dos, "La flor" y "La crisálida", durante el Segundo Cuarto (de hecho, la de "La crisálida" suelo hacerla un par de días antes de la Luna llena). Pero tú has de actuar como mejor te parezca. No olvides anotar tus sensaciones indicando, además de la fecha, el momento concreto del creciente en el que has realizado cada ejercicio.

Ejercicio 8: cazando el creciente

Esta es una meditación bastante intimista que recomiendo hacer en soledad y silencio.

Para realizar este ejercicio, al menos hasta que cojas la experiencia suficiente como para poder visualizar la Luna sin necesidad de tenerla ante los ojos, te recomiendo que te coloques de tal manera que puedas ver el creciente desde la ventana, desde el jardín o desde donde te encuentres más a gusto, para "capturar" la luz de la Luna. Como en todos los ejercicios, has de tener en cuenta las cuestiones previas a la práctica y concentrarte en tu respiración hasta que el cuerpo esté perfectamente acomodado.

Cuando te veas preparado para empezar, mira al cielo nocturno, esa inmensidad que cubre nuestra pequeña existencia, recréate en todo aquello a lo que tus ojos se asoman, y respira profundamente mientras localizas estrellas, planetas, galaxias... Con cada respiración completa capturarás un poquito de la fuerza energética de ese Universo que te muestra una ínfima parte de sí mismo.

Cuando tu paz sea tan plena que sientas esa conexión profunda con las energías que están arriba, dirige tu mirada hacia la Luna creciente, examina su brillo, su forma, su tamaño, lo oblicuo de su sonrisa o lo abultado de su camino hacia la plenitud. Fíjate bien en sus colores, en las nubes que hacen cambiar los tonos de su superficie, en su luz plateada. Entonces captura esa luz plateada y cierra los ojos para colocarla justo en tu entrecejo, en la visión interna que te permite tu sexto chakra, y sigue observando lo hermosa que es la Luna, su color, su luz. Visualiza cómo, con lentitud, la Luna Creciente sigue su andadura hacia el plenilunio desde la imagen cazada en tu ojo interior. Mira su crecimiento, observa su camino constante, como si cada vez fuese incrementando un fino gajo de luz plateada, hasta que la Luna creciente se vuelva llena, sólo para ti, sólo en el interior de tu mente.

En ese instante, con la Luna llena brillando en tu visión personal y única, siente cómo la luz plateada va haciéndose cada vez más potente, brillante e intensa. Una luz que se irradia por todo tu ser, interna y externamente, hasta bañarte y llenarte por completo. Es la Doncella, la vida que nace y crece, la energía creativa, la fuerza del creciente que has cazado y que está colmando todo lo que en ti hay de especial y maravilloso.

Procura mantener esa sensación todo el tiempo posible. Después, sin abrir los ojos, visualiza cómo los rayos plateados son absorbidos por tu ser físico, como integrándose en él, pasando a formar parte de tu sistema nervioso, de la circulación de tu sangre, del funcionamiento de todos tus órganos. Cuando hayas asimilado toda la plata lunar, concéntrate de nuevo en tu respiración hasta que estés en condiciones de volver a la realidad.

Observaciones:

Fecha: .... /......... /...............

Fecha: .... /......... /...............

Meditaciones lunares

Fecha: .... / .... / ....

Fecha: .... / .... / ....

Fecha: .... / .... / ....

Ejercicio 9: el aura

De todo lo que existe emana una energía característica y distintiva que conocemos con el nombre de aura. El aura es algo personal y especial que puede variar, cambiar, o ser cambiada. En base a esta realidad (pues está científicamente demostrada la existencia de esta energía) vamos a realizar una visualización en la que trataremos de depurar el aura. Así nuestra mente se clarificará. Esta meditación te cargará completamente haciéndote más activo y más consciente del momento presente y de todo lo que te rodea, un estado personal perfecto que dedicar a la creatividad.

Al ser una meditación larga y compleja, aconsejo hacerla de manera grupal y con alguien que ejerza de guía.

Colócate en posición, relájate, respira profunda y rítmicamente hasta que alcances el estado de calma y tranquilidad que te permita empezar a visualizar. En cuanto llegue ese momento has de imaginar que tu cuerpo (que está sentado en una silla o el suelo, en el lugar y la postura que hayas elegido para hacer esta meditación) se empieza a ver rodeado de una energía oscura que surge del suelo y, actuando como una serpiente, va desenrollándose y creciendo, alcanzando cada vez mayor tamaño y altura, hasta cubrirte por completo. Tú, que estás viendo lo que te ocurre desde algún lugar fuera de tu cuerpo rodeado, puedes observar que esa serpiente energética es como un tornado de color negro hecho a tu medida; que lleva incorporados tus problemas, tus pesares, tus dudas, tus miedos; que gira con la fuerza de rencores acumulados y sentimientos de culpa; sentimientos y sensaciones que adquieren la forma de rostros, lugares y objetos que giran y giran sin parar a una gran velocidad.

Con un simple movimiento de la mano de tu Yo observador e incorpóreo detienes el torbellino. Puedes acercarte a él y rodearlo, intentas distinguir aquello que ha venido arrastrando, pero está tan deformado y difuminado que apenas puedes apreciar los contornos. Ese observador en el que te has convertido se permite formar en su esencia unos labios que toman todo el aire que pueden... ¡y soplan con todas sus fuerzas sobre el negro torbellino!

Y puedes ver cómo toda la negrura se escapa como si fuese un cerrado enjambre de mosquitos y se lleva con él gran parte de los rostros, lugares y objetos, ocupando su lugar un nuevo torbellino de color rojo en el que parecen haber quedado atrapados todos tus apegos terrenales y que tu Yo que mira siente como si se hubiesen escapado de la base de tu columna vertebral. Mientras lo ves girar tratas de analizar aquello que arrastra, pero no puedes verlo bien, así que ejecutas un nuevo movimiento con la mano y paralizas el tornado, pero cuando te acercas a mirar tampoco puedes ver con claridad. Entonces vuelves a convocar a los labios y, tras tomar todo el aire que cabe en tus pulmones, ¡soplas fuertemente sobre el tornado rojo!

Todo se diluye y se disuelve formando un río sanguinolento que fluye hasta desaparecer por completo llevándose con él muchas de las cosas por las que no deberías sentir tanto apego o tanta querencia y fijación. En su lugar se ha formado un nuevo torbellino, éste de color naranja brillante, que gira todavía veloz pero algo más lento que el anterior, y sientes que te toca en todos los órganos que afectan a la reproducción mientras no dejas de mirar desde tu Yo observador, cómo tus ideas, tu creatividad o tus capacidades artísticas giran y giran también sin control. Entonces paraliza el torbellino naranja y, tras analizarlo, le pide a los labios que soplen de nuevo.

El tornado naranja evoluciona hasta formar una bella caléndula de muchos pétalos que, cuando se completa, empieza a deshojarse poco a poco. Tu Yo observador deja que esos pétalos se marchen flotando en el aire y llevándose, cada uno de ellos, todas esas ideas, proyectos, ambiciones y planes que son irrealizables o utópicos, y que roban el espacio que precisan todos aquellos que sí puedes acometer y desarrollar.

Ahora, en su lugar, un torbellino amarillo rabioso, que parece surgir de tu diafragma, acapara la atención de tu Yo que observa. Lleva incorporado a su movimiento giratorio, un poco más lento que el del tornado anterior, todo tu control sobre la razón, el poder y la voluntad, hasta que el Yo que mira levanta la mano ordenando que se detenga. Pero tu Yo ya sabe que no necesita acercarse a observar, que no distinguirá nada en el paralizado torbellino, así que deja que los labios hagan su trabajo. El amarillo se convierte en polvo en suspensión que flota hacia los cielos, como queriendo integrarse en la estructura radiante del gran sol. Tras su marcha sientes la estabilidad de tu esencia y el equilibrio de tu propio ego, el reconocimiento de la persona que eres.

Ahora te encuentras un tornado de color verde, o quizá sea rosado, o quizá ambos colores se mezclen en un juego lento, anárquico y sin lógica que lo guíe. Percibes que su movimiento giratorio es bastante más lento que el de los anteriores tornados, como si poco a poco fueses logrando apaciguar su violencia y su falta de control. Casi puedes respirar su esencia, oler la fragancia del color, latiendo tu corazón al mismo ritmo que percibes en sus ondeantes movimientos palabras escritas para expresar conceptos como la belleza, el amor o el sacrificio. Tu Yo que observa casi siente un poco de tristeza al detener el torbellino y limpiarlo por el soplido, ya no tan fuerte ni tan violento como los anteriores, que surge del interior de sus labios.

El verde y el rosa abandonan suavemente la serpiente energética que rodea tu cuerpo y se depositan en el suelo, integrándose con él, arrancándote gran parte de la ira y el rencor acumulado, del temor y de dolores que desconocías haberte reservado.

El torbellino se ha vuelto de color azul, de un azul personal que puede ir del cian al turquesa, que gira todavía más despacio que el anterior, al ritmo de tu metabolismo, de la muerte y la regeneración de tus células, que sientes como un nudo hecho en tu garganta. En él baila el tiempo que has vivido agarrado al tiempo que te queda por vivir, en un vals mágico que está más allá de las posibilidades temporales, como si presente, pasado y futuro fuesen, únicamente, un instante suspendido en la totalidad de tu existencia. Detienes el torbellino azul y soplas sobre él como sobre la llama de una vela.

Y el azul se convierte en una brisa fresca que sube a los cielos para integrarse en ellos, y se lleva consigo el miedo al futuro y el freno que tal miedo supone a tus ansias, liberándote de lo que te asusta, para que puedas mirar más allá del presente. Entonces la serpiente que rodea tu cuerpo se tiñe de índigo o violeta, gira despacio, para que tu Yo observador pueda ver, pues lo sientes directamente en el entrecejo, en tu tercer ojo, en la mirada mística. Él percibe, en el lento movimiento cíclico de las ondas que juegan en mágicos colores, todas las dudas de tu espíritu, la dolorosa incomprensión de lo invisible, el temor a lo desconocido, hasta que lo detiene con un soplido liberador tan ligero como un suspiro.

El índigo y el violeta se fusionan, explosionando ante los ojos de tu Yo que mira, creando un nuevo baile en espiral que asciende primero y desciende después hasta disolverse ante tu visión interior, haciendo que la comprensión de lo incomprensible se abra camino hacia tu esencia.

Es entonces cuando tu Yo que mira, tu Yo observador, se da cuenta de que la serpiente ha dejado de moverse y ha perdido todo rastro de color, convirtiéndose en una energía completa y sin resquicios que te cubre por completo. Es una fuerza pura, blanca, luminosa, brillante. Irradia de la parte más alta de tu cabeza como una luz perfecta que conecta todo tu sistema energético, ahora abierto y limpio, que fluye alrededor de ti y también a través de ti, que te hace sentir completo, que activa tus glándulas pineal y pituitaria, creando conexiones que te vinculan con la Mente Universal para hacerte formar parte del Todo, indicándote un nuevo sendero que, a base de caminarlo, te llevará a la perfección. Allí, en lo alto, mirando cómo tu Yo observador y tu Yo real se unen de nuevo, la Luna, desde la curva de su creciente, te envía un mágico hilo de plata para unir la corriente energética que recorre todo tu cuerpo con la suya, creando así la perfecta fusión de vuestras energías vibrantes, poderosas y activas.

Disfruta y descansa de todas las sensaciones que esta experiencia te regala, permite que sea tu mente la que perciba lo que, de manera habitual, percibirías con tus cinco sentidos físicos. Aprende de ti mismo, recupera tus recuerdos, descubre tus posibilidades, enfrenta tus miedos. En resumen: conócete a ti mismo.

Y cuando consideres que ya has aprendido bastante por hoy, libera toda esa energía blanca y poderosa y deja, mediante la visualización, que se esparza por el mundo entero para curarlo, igual que te está empezando a curar a ti. Después, despacio y con calma, concéntrate únicamente en tu respiración y regresa al mundo de los mortales, pues has de saber que todo este tiempo no lo has pasado con nosotros, sino con los seres eternos y etéreos que habitan en esas dimensiones a las que sólo se puede llegar con el alma.

Observaciones:

Fecha: .... / .... / ....

Fecha: .... / .... / ....

Meditaciones lunares

_____

_____

                    Fecha: _____ /_____ /_____

_____

_____

_____

_____

                    Fecha: _____ /_____ /_____

_____

_____

_____

                    Fecha: _____ /_____ /_____

_____

_____

_____

_____

    Espero que te haya gustado y te encuentres a gusto contigo mismo. Quizás hayas descubierto alguna cosa de ti que no te agrade demasiado. Que no te aflija tal descubrimiento, así podrás enfrentarte a ello y solucionarlo.

Ejercicio 10: la flor

Como comenté anteriormente, me gusta hacer esta meditación durante el segundo cuarto, ya que está relacionada con el desarrollo y el crecimiento, con el aprovechamiento de lo existente y la confrontación y victoria con respecto a los miedos y las dudas. Es un ejercicio de autodescubrimiento en el que has de evolucionar desde la sencilla semilla caída en tierra, hasta la bella flor que despliega todo su esplendor en un marco de bellos colores, aunque para ello haya tenido que pasar por momentos difíciles en los que ha habido falta de agua, de atención, de cariño; cambios en las tierra a la que se sujetan sus raíces o incluso esos instantes en que la oscuridad parece ser eterna y resulta casi imposible el retorno a la luz. Espero que la disfrutes.

Como siempre, colócate en la postura adecuada y relaja tu cuerpo. Deja que tu mente se despeje de pensamientos conscientes y trata de convertirte en el espectador que mira atentamente las imágenes que se van a proyectar en la pantalla de tu mente, dejando que tu naturaleza física vaya perdiendo importancia, abandonándote a los sentimientos y sensaciones que la película va a crear para ti.

La blanca pantalla de cine sobre la que fijas tu atención va poco a poco cambiando su apariencia y su textura, como si todo en ella dejase de ser plano y se convirtiese en un espacio ilimitado de tres dimensiones. Es como si estuvieses en el espacio, flotando en su inmensidad y, sin que puedas evitarlo, sientes que te vas precipitando a gran velocidad hacia un pequeño punto brillante. A medida que te acercas a él, vas percibiendo algo azul, reconocible. Apenas te ha dado tiempo a darte cuenta de que estás cayendo hacia nuestro hermoso planeta Tierra, pues, sin que tus sentidos físicos lo noten, sigues cayendo y atravesando capas de atmósfera, atravesando nubes, sobrevolando mares, desiertos y montañas, dirigiéndote hacia algún lugar que parece estar previamente determinado. Tu campo de visión, según te acercas al suelo, se va concretando en una gran ciudad, un barrio, un edificio, una terraza, un grupo de macetas, una pequeña macetita llena de tierra oscura, sin plantas, sin vida, expectante. Y de pronto sientes que has entrado en esa tierra recién abonada y revuelta, húmeda, fragante y muy cómoda, como si alguien lo hubiese dispuesto para ti, un perfecto lecho en el que instalar tu naturaleza, todavía aletargada, para darle así una oportunidad a la vida.

Como semilla de vida recién plantada, eres capaz de sentir que, con un poco de esfuerzo y ayuda, podrías aprovechar los nutrientes y el agua de esa tierra para estirarte hacia arriba, para nacer, para emerger de la oscuridad a la luz. Sientes también los cuidados que manos desconocidas te prodigan con la promesa de vida que, al poco tiempo, hace que se asome, en la maceta, un pequeño brote verde, delicado y suave, pero con ansias de vida y desarrollo. Ya puede ver el sol y sientes su calor sobre tu rostro.

Las manos desconocidas siguen aportando agua y nutrientes y el sol, recién descubierto, entrega todas sus energías a la criatura que anhela todo lo que tienen el resto de las plantas que ha podido descubrir en las floridas macetas que rodean la suya. Te estiras, aprovechas lo que se te entrega para transformarlo en desarrollo propio, creces y engrosas tu tallo adquiriendo vitalidad y fortaleza; despliegas pequeños nudos que, poco a poco, se transforman en hojas verdes que te adornan, sujetan y permiten que puedas utilizar mejor aquello que desde el exterior de ti mismo se te está prestando.

Pero cada vez que miras hacia las otras macetas descubres que las plantas que viven en ellas son todas diferentes a ti, todas más grandes que tú, todas más bellas que tú. Algunas veces te entristeces y te preguntas si realmente vale la pena seguir esforzándote en crecer, en desarrollarte, en vivir; al fin y al cabo, no sabes cómo serás cuando llegues al pleno florecimiento. Quizás no seas ni bella ni fuerte, a lo mejor ni siquiera eres capaz de sacar una sola flor. Te arrepientes de haberte despertado de tu sueño de semilla y de haberlo arriesgado todo por un futuro incierto.

Las manos amorosas que cuidan las plantas te hacen un nuevo aporte: abonan la tierra. Comprueban su PH y sientes que siempre hay razones para seguir adelante, ¡hasta te planteas que puedes ser hermosa sin tener ni una sola flor! Y ahí empiezas a crecer de nuevo y a disfrutar del sol y del agua, a comprender la maravilla de la noche y a descubrir los misterios que te hacen respirar durante el día, colaborando en la mejora de otros con tu trabajo ante la mirada de la Luna.

Algunas veces sufres porque el riego que esperas no llega y te encojes, te asustas y temes que las manos cuidadoras no vuelvan jamás. Y quizá ellas no vuelvan, pero otras vendrán que seguirán con su trabajo. Disfrutas cuando el milagro se produce y sigues adelante, revitalizada, vigorosa, fortalecida por el líquido que trae la vida, hasta que de pronto sucede algo terrible y te sientes víctima del desarraigo. Has sido arrancada de tu maceta y tus raíces, hasta ahora protegidas por la tierra oscura, son expuestas a la vista de todos y el miedo a esa exposición, a las miradas de las otras plantas, a su desprecio ante ti, esa plantita poco desarrollada y con el único color del verde de su tallo y de sus hojas, te afecta mucho, aunque tú sabes que esa exposición no significa el fin.

Las manos que te cuidan te colocan entonces, con amor y cuidado, en una maceta más grande, más bonita, en la que tendrás mucho más espacio para crecer y expandirte, para crear nuevas partes de ti misma, incluso para multiplicarte y procrear. Comprendes que los cambios son necesarios y que, a pesar de que a veces son traumáticos y asustan, siempre conllevan una posibilidad para salir adelante. Si te hubieses quedado en la seguridad de tu macetita, pequeña y conocida, la falta de espacio hubiese acabado contigo. La comprensión de la vida se basa en el cambio, pues cambiar es vivir; la quietud es el más correcto sinónimo de la muerte sin retorno.

En tu nueva ubicación te sientes casi a la misma altura que las demás plantas, dejas de tener miedo, aparcas tus dudas sobre el futuro de ti misma y decides que tu flor será hermosa, la más hermosa. Incluso si no tiene colores, si no tiene pétalos, si jamás llega a nacer, pues la belleza de una flor es el sentimiento de flor de la planta, y también el tuyo. Ahí radica el misterio y, en el misterio, el gran milagro: cuando tú, la planta, descubres que no necesitas de la flor para sentirte completa, un nuevo brote se desarrolla en la parte más alta de ti misma, al igual que un pensamiento o un sentimiento que se instala en el centro de tu mente y se desarrolla ajeno a tu voluntad; crece formando algo diferente a todo lo anterior, creando un capullo rodeado del mismo verde de la planta, que se alimenta de la propia fuerza del deseo de la planta y de ti mismo. Hasta que, un día, sin que ni tu parte de planta ni tu parte humana hayáis tenido nada que ver con ello, ese capullo comienza a abrirse, a desplegarse, a descubrir al mundo tu naturaleza verdadera, colorida y de innegable hermosura. Ha nacido la más bella de todas las flores sólo porque nadie le exigió nacer, porque nadie la esperaba, porque ya nadie la necesitaba para sentirse completo, ni la planta ni tú, ninguno de los dos.

Pues la flor es sólo el adorno del que crece. Y el que crece es el que es capaz de vivir como el tallo y las hojas de la planta, mirando siempre hacia delante, hacia arriba, aprovechando los nutrientes, la luz, las manos cuidadoras... y sin dejar que sean las otras plantas las que dicten sus expectativas.

Ahora, poco a poco, desliga tu naturaleza humana de la de la planta, desconecta el sistema de tres dimensiones en el que te has sumergido y regresa a tu butaca en el cine. Observa, desde allí, la imagen de la planta hermosa y florecida y, cuando te sientas con ganas de separarte definitivamente de ella, abre los ojos y retorna a la realidad.

Luna creciente: la doncella

Observaciones:

Fecha: .... / .... / ....

Fecha: .... / .... / ....

Fecha: .... / .... / ....

Fecha: .... / .... / ....

Meditaciones lunares

Fecha: .... / .... / ....

_____
_____
_____
_____
_____

Fecha: .... / .... / ....

_____
_____
_____
_____
_____

Fecha: .... / .... / ....

_____
_____
_____
_____
_____

¿Qué te ha parecido? Espero que la hayas disfrutado y que tus notas sobre lo que te ha hecho sentir sean abundantes, pues eso significa que has sido capaz de sacarle todo el partido al ejercicio.

Ejercicio 11: la crisálida

Esta meditación tiene que ver con la plenitud y con el camino a seguir para llegar a ella. Para ello, vamos a recorrer el camino de un humilde y (normalmente) poco apreciado gusanito que se arrastra sobre su vientre y que, o bien no llama la atención, o bien es directamente víctima de repulsa y repugnancia. Así nos sentimos las personas muchas veces: invisibles, ignoradas, rechazadas, víctimas de circunstancias en las que nos creemos ser incapaces de seguir adelante. Pero, al igual que el gusanito, tenemos la oportunidad de transformarnos, de aprovechar los cambios y aprender de ellos (como hemos visualizado en el anterior ejercicio).

Respira profundamente, vuelve al cine mental y desde tu butaca conecta tu mente con la de un gusanito. Concentra tu visualización en el pequeño invertebrado hasta que seas capaz de sentirte inmerso en él, ser él, sentir como él.

El despertar a la primera vida es un despertar sin vista, sin oído, sin olfato; es el alzar de una cabecita que apenas se distingue del resto del cuerpo; es iniciar un débil y atemorizado arrastre que no resulta nada fácil sobre un terreno desconocido y que cambia constantemente de textura.

Al principio supone un desmesurado esfuerzo. Los movimientos son erráticos, no parecen llevar a ningún lugar concreto, pues nada hay que guíe al pequeño ser que no puede ver su entorno, escuchar la vida de su alrededor u olfatear cualquier posible peligro. Pero el animalito no es tan poca cosa como creyó ser al alzar la cabeza esa primera vez, cuando intentó desplazarse sobre su propio vientre sin saber qué era aquello que le hacía sentir frío y humedad en la piel. No había sido consciente de que, aun careciendo de otros sentidos, sí poseía el tacto, esa capacidad que permite diferenciar la temperatura del suelo, el grado de humedad de la tierra, la rugosidad de una hoja, el freno que supone una pequeña ramita o la vibración que produce un ser que se desplaza en la cercanía o que crea cambios en los movimientos del aire al afectarlo con el batir de sus alas.

Puedes percibir entonces que, al mismo tiempo, el gusanito se debate, en su más íntimo ser, por dos sentimientos opuestos entre sí: por un lado ha logrado ser consciente de que la realidad que le rodea es transitable, que puede avanzar guiándose de su sentido más poderoso y de su propio instinto pero, por otro lado, ha comprendido que su vida está llena de obstáculos, de peligros, y que caminar puede ser, justamente, lo que lo lleve a terminar en un buche o bajo la suela de un zapato.

Pero si algo caracteriza al gusanito, a ese pequeño invertebrado que eres tú mismo enfrentándote al mundo, es que desea, por encima de todas las cosas, sobrevivir, crecer, cambiar; dejar de sentirse en peligro y ser amado. Así que toma la determinación de levantar nuevamente la cabecita y empieza su largo caminar.

El avance es lento, muy lento, pues ha de estar atento a todo lo que lo rodea. Algunas veces ha de detenerse, incluso perder un poco el sentido de su marcha para ocultarse bajo una hoja ajada y húmeda que le enfría la piel en exceso y le hace sentir mal, pero eso ha evitado que un pájaro se lo llevase enganchado en el pico. Otras veces simplemente se para, se queda totalmente inmóvil, hasta deja de respirar en un intento de ser aún más invisible de lo que suele ser para los animales que buscan mayores presas que un simple gusanito. Y otras veces, con miedo y angustia, se ve obligado a horadar la tierra y esconderse en ella, invadiendo incluso el terreno de gusanos más grandes que le resultan aterradores y que, al provocarle tal pavor, en ocasiones, prefiere enfrentar a desconocidos depredadores antes que a otros de su misma especie.

Pero el gusanito, a pesar de sus miedos, de sus parones, de sus dudas y de la angustia que le produce ver que su cuerpo cada vez es más grande y más visible, aunque en su interior siga sintiéndose igual de vulnerable y pequeño, saca valor y fuerza de donde pocos podrían y se mantiene firme en el camino elegido. Hasta que, de pronto, y a pesar del tiempo que le ha llevado y de que el agotamiento a veces le ha tentado al abandono, descubre que su cabeza se ha levantado ya sobre el tronco de un árbol.

El gusanito empieza a trepar entonces, descubriendo con placer que ya no está tan ciego, ni tan sordo, incluso siente el despertar de su olfato, y eso le da más armas con las que proteger su ascenso. Puede escuchar al pájaro cuando está tan lejos que sus alas todavía no afectan al aire que le rodea, puede oler a las criaturas que se mueven por su mismo árbol con el tiempo suficiente para esquivarlas pero, sobre todo, puede ver una ramita en la que siente que, después de tanto arrastrarse, podrá descansar al fin.

Cuando el gusanito llega a la ramita se da cuenta de que nada sucede, detenerse allí sólo le hace darse cuenta de lo cansadísimo que está, del esfuerzo que ha hecho para llegar a un lugar al que, en principio, no le ve ni la más mínima utilidad. Eso le entristece, le entristece mucho, le entristece tanto que empieza a llorar.

Y las lágrimas del gusanito, las lágrimas que tantas veces has derramado tú, se convierten en hilos de seda que, lentamente, como dirigidas por las manos mágicas de una hilandera invisible, van tejiendo una mortaja alrededor del gusanito, que es incapaz de dejar de llorar, de resistirse al proceso, de empezar de nuevo a caminar hacia otro lugar por si allí hubiese algo que realmente mereciera la pena. Ante la última vuelta del hilo que cierra el capullo que se ha convertido en última morada, el gusanito cierra los ojos y se rinde.

Durante un tiempo el gusanito, verdaderamente, se ha convertido en un ser invisible, desaparecido, perdido para el mundo y muerto para sí mismo y para todos. Está sumido en un lugar en el que el tiempo y el espacio carecen de sentido, donde todo transcurre ajeno a las voluntades externas, protegido de depredadores, sin miedos, sin dudas, sin sentimientos, prácticamente sin vida.

Hasta que de pronto el gusanito se siente renacer y abre los ojos, los oídos, la boca. Se revuelve y toca, retoma la conciencia de ser vivo, aunque con absoluto terror se da cuenta de que yace en absoluta oscuridad, oculto de un mundo al que ha renunciado voluntariamente. Pero algo especial le ha sucedido, algo maravilloso ha prendido en él: esperanza, futuro, deseo... vida.

El gusanito se estira, se estira y lucha, patalea, empuja y rompe su capullo, su mortaja... y renace de nuevo a la vida.

Ya no es el mismo gusanito que se rindió, el mismo que lloró, el mismo que tuvo que arrastrarse durante mucho, mucho tiempo, entre miedos, dudas, ansiedades y duro trabajo; la criatura que ha renacido volviendo a la vida y al mundo ahora puede volar, ya no es invisible, es fuerte, grande, llena de colores y de energía, amada y admirada por todos y, además de todo ello, es verdaderamente lo que siempre estuvo destinada a ser, igual que tú, la más hermosa y completa de todas las creaciones.

Ahora disfruta el tiempo que desees de la sensación de ser esa hermosa mariposa. Vuela, haz piruetas, pinta tus alas de diferentes colores y después, cuando te sientas con ganas de volver, retorna a la butaca del cine y deja que se termine la película observando como un mero espectador.

Observaciones:

Fecha: .... / .... / ....

Luna creciente: la doncella

Fecha: .... / .... / ....

Fecha: .... / .... / ....

Fecha: .... / .... / ....

Fecha: .... / .... / ....

Fecha: .... / .... / ....

Fecha: .... / .... / ....

¿Te has sentido identificado con las dificultades del gusanito? ¿Reconoces haber sentido lo mismo que él cuando eligió rendirse a los manejos de la invisible hilandera? Si esto es lo que te ha sucedido agradécelo, pues no muchos se permiten abrirse siquiera a sí mismos hasta el extremo de rescatar lo que su mente ha ido ocultándoles por un erróneo sentido de la protección. Ahora estás preparado para enfrentar lo rescatado del olvido y convertirlo en un elemento de superación y mejora personal. Sigue pintando tus alas.

Luna llena:
la madre

Recordemos la importante simbología de la Luna llena. Ella es la madre, la que puede traer nueva vida, la que alimenta, cobija, protege; la máxima expresión del amor que nuestro limitado cerebro humano puede llegar a comprender.

La idea que nos traslada esta fase lunar es la de la plenitud del embarazo que se perfecciona con el alumbramiento y la maternidad. La doncella ha crecido, se ha fortalecido y ha aprendido y ha adquirido sabiduría. También ha descubierto su sexualidad y sus capacidades, se ha entregado voluntariamente y ha concebido en su vientre para asegurar, así, la supervivencia de todo lo que existe. ¿Hay acaso mayor responsabilidad que ésta?

Si algo distingue a esta Luna de todas las demás es la "capacidad de entrega". Podríamos decir que en este momento la Luna nos está entregando sus mayores fuerzas, sus mayores energías, cubriendo la Tierra con todo su poder. No hay momento más hermoso ni más adecuado para recordarnos que la generosidad es una de las mejores maneras de relacionarnos con el resto de la humanidad y con el resto del planeta.

Pero no sólo es su maternidad, o su capacidad para ser madre la que es representada por esta fase del plenilunio, sino la feminidad en todas sus formas, la sexualidad y el deseo, la fertilidad de la propia mente, además de la del cuerpo: el Yo Creativo y Capaz.

Estamos en la fase del arte y los artistas, de los descubridores, de los emprendedores, de los inventores; de los que se han arriesgado durante el Creciente y que, ahora, pueden ver con más claridad que nunca los logros conseguidos o que van camino de conseguir. Es el momento de que las mentes digan "estoy aquí y lo estoy haciendo, y nada ni nadie podrá detenerme". Nos sentiremos más fuertes, apoyados y alentados que nunca porque la Luna llena nos hace olvidar su naturaleza de satélite distante que refleja la luz del Sol y se nos presenta como una madre que nos abraza y acoge, que nos impele a ser mejores de lo que somos, que nos empuja y anima para que saquemos de nuestro interior ese potencial que a veces olvidamos que tenemos.

En esta fase lunar vamos a recorrer "El Camino de la Luna", a convertirnos en "El Árbol de los Mundos" y a descubrir nuestro "Animal Totémico". Los aspectos que vamos a trabajar y desarrollar en estos ejercicios son: plenitud, como un maravilloso embarazo que "dará a luz" a lo mejor de nosotros mismos; generosidad, en el sentido de compartir con el mundo lo mejor que tenemos, y decisión, referido a lo que deseamos ser, hacer, tener...

Ejercicio 12: el camino de la Luna

En esta ocasión no quiero que acudas a tu cine mental, ni quiero que extraigas una parte de tu ser para que sea testigo de las maravillas que van a sucederte desde el interior de tu mente. Esta vez será especial, pues deseo que logres percibir todas las sensaciones físicas y emocionales que este ejercicio va a desvelar para ti. Si tienes la posibilidad de, antes de hacer el ejercicio, mirar a la Luna llena, trata de capturar una parte de su luz y sentir su energía, pues ello te ayudará a centrarte mucho mejor y es válido tanto para este ejercicio como para los dos siguientes.

Acomódate, cierra los ojos, relájate, controla tu respiración para que sea pausada y profunda y deja que todos tus músculos se abandonen, que pierdan cualquier tipo de tensión. Cuando te sientas preparado para comenzar deja que tu mente visualice cómo todo lo que te rodea y pertenece al mundo real se desvanece, cómo desaparece todo lo que existe a tu alrededor y permite que te lleve a un lugar distante y único; a la orilla de un mar calmado y tranquilo, de suave y susurrante oleaje que apenas produce una leve ruptura del silencio que te rodea.

Es un mar inmenso y maravilloso, que ocupa todo tu horizonte, sin mácula, sin tierra a la vista, sin el más mínimo indicio de que haya más criatura que tú en ese escenario marítimo perfecto, cuyo cielo rojizo, anaranjado y amarillento te hace saber que, a tus espaldas, aunque tú no puedas verlo, el sol está a punto de ocultarse.

Deja que tu cuerpo avance unos pasos, tan solo para que tus pies sean acariciados por las suaves olas, por el agua tibia y vigorizante, mientras tras la paleta de colores cálidos e ígneos, la luz solar desaparece por completo para dejar tu horizonte formado, únicamente, por el inmenso mar que se funde con el cielo oscuro e infinito, carente de toda luz, sin estrellas, sin planetas, sin nada. Sólo mar y cielo que se confunden allá en donde apenas alcanza tu mirada.

Y mientras sientes ese momento, como suspendido en el tiempo, ves a lo lejos un resplandor rojizo, muy tenue y delicado, tímido, como si no se atreviese a romper el hechizo de la mágica nocturnidad. Te quedas quieto y silencioso al descubrir que ese resplandor es el preludio de la ascensión de la Luna, que comienza a emerger entre el mar y el cielo oscuros. Una enorme esfera que, poco a poco, según asciende en su despertar, va creando con su reflejo un camino plateado sobre las apacibles aguas.

La Luna llena, demostrando su majestuosidad, se eleva cada vez más en el cielo nocturno. Cada vez más completa, cada vez más blanca, creando un camino de plata cada vez más largo, más definido y hermoso, más visible y más rápido en su avance. Tan rápido que, mientras tus ojos no dejan de observar su crecimiento, elige terminar justamente en esa orilla preciosa y tuya. Junto a esa última ola suave, en la humedad aterciopelada y tibia que acaricia tus pies metidos en el agua.

Es este tu primer "beso de Luna", el que ella, en su infinita entrega como Madre, deposita en aquello que sujeta a todo el resto de tu ser perfecto y armónico.

El camino que la Luna llena ha creado te ha unido directamente con ella, te ha vinculado a su poder, a su esencia. Te está entregando todo su amor y su plenitud energética y luminosa. Visualiza como esa energía plateada acaricia tus pies con cada ola, con cada inspiración, con cada latido de tu corazón... pero la Luna, que es Madre, tiene mucho más para ti.

Visualiza cómo, de manera instantánea, en tu cuerpo todo lo artificial desaparece. Quédate vestido únicamente de noche y de luz de Luna. Despójate de cada peso, de cada responsabilidad, de cada miedo, de todas las cargas de tu vida en ese mundo en el que habita tu ser mortal. Ahora eres libre y perfecto, nada malo te puede suceder.

Cuando todo lo sobrante o innecesario haya desaparecido, cuando te encuentres desnudo y libre, entonces comienza a caminar con decisión por el camino de la Luna, poniendo un pie delante del otro, sin prisa, sintiendo cómo aumenta la profundidad del agua, cómo la luz plateada baña más y mejor todo tu ser. Camina confiado y seguro, camina relajado y tranquilo, camina hasta que sientas que las aguas tibias, bendecidas por el "hilo de plata", acarician tu cintura. Siente cómo la luz de la Luna te inunda desde el cielo nocturno, siente cómo la luz de la Luna te inunda desde su reflejo bajo las aguas. Percibe la poderosa nutrición que su energía, multiplicada por las salinas aguas, introduce en tu cuerpo y en tu mente. Permite que el agua y la luz te sirvan de acomodo. Déjate llevar, deja que tu cuerpo se deslice, se relaje y se sumerja. Disfruta bajo las aguas, disfruta sobre las aguas. Juega con la luz plateada que te llega, conéctate con ella, siente cómo eres una parte de ella, una parte muy importante de ella.

Disfruta de tu baño mágico y sagrado en agua y luz, por todo el camino de la Luna. Cuando decidas que deseas abandonar el baño, cuando te sientas tan lleno de luz que no necesites seguir absorbiendo los rayos lunares, regresa a la orilla por el mismo camino lunar por el que entraste en el mar inmenso. Visualiza cómo tus pies recorren los últimos metros hasta tierra firme. Cuando estés al fin fuera, gírate hacia la Madre y abre tus brazos como si quisieras abarcar con ellos el Universo entero. Siente como todas las gotas de agua que resbalan por tu cuerpo se vuelven del color de la plata más pura. Siente como van coloreando tu piel volviéndola argéntea y brillante. Siente como, finalmente, tu cuerpo absorbe toda esa esencia lunar y recobra su textura y sus colores de envoltura humana y mortal.

Deja que tus ropas regresen a tu cuerpo y lo vistan de nuevo sabiendo que ya no vendrán a él las penas o pesares de los que te despojaste antes de recorrer el camino de la Luna.

Mantén tu estado relajado un poco más. Respira profundamente varias veces y, cuando te encuentres preparado, abre los ojos.

Observaciones:

Fecha: .... / .... / ....

Fecha: .... / .... / ....

Fecha: .... / .... / ....

Luna llena: la madre

Fecha: .... / .... / ....

Fecha: .... / .... / ....

Fecha: .... / .... / ....

Ejercicio 13: el árbol de los mundos

Al igual que en el ejercicio anterior vamos a olvidarnos del cine mental y vamos a hacer que nuestra mente nos lleve de viaje. Esta vez también vamos a unir nuestra naturaleza mortal con algo que está más allá de nosotros mismos. Vamos a despojarnos de nuestra humanidad física para revestirnos de anillos de madera, cortezas rugosas y hojas verdes, para convertirnos en una criatura vegetal y mágica que nos permitirá conectarnos con el resto de la creación.

Toma una postura cómoda, cierra los ojos, relájate e inicia el ejercicio concentrándote en tu respiración profunda y regular, liberando todas las tensiones.

Deja que tu imaginación te lleve volando hasta un bosque, un bosque que te parezca muy hermoso. Siente cómo tus pies se apoyan en el suelo y todo tu ser se ve rodeado de bellos y frondosos árboles en su máximo esplendor primaveral. Es un bellísimo atardecer. Los rayos de sol, que van adquiriendo un color rojizo y dorado, se filtran entre las altas copas de los árboles arrancando miles de destellos multicolor en sus hojas, provocando un baile de reflejos verdosos y anaranjados que convierten todo tu entorno en algo mágico y vivo que parece llamarte a que entres a formar parte de él.

Pasea entre los distintos árboles mientras aprovechas esos últimos rayos solares, antes de que se oculten y sea la Luna llena la que alumbre tu mundo. Acaricia las distintas cortezas, olfatea el aire a tu alrededor. Analiza el color y la forma de las hojas y siente tus pies descalzos sobre la tierra húmeda y tibia por las hojas caídas a lo largo de muchísimos años.

Mientras paseas ajeno a todo lo que no sea la belleza de lo que te rodea, el último rayo de sol desaparece. En ese preciso instante tu pie derecho encuentra un perfecto acomodo para su planta en un lecho de hojas blando y acogedor que parece hecho a su justa medida. Con cuidado de no mover ese pie, acercas el otro para afianzarlo a su lado y descubres así que su colocación también es perfecta, equilibrada, cálida...

Y miras tus pies descalzos, que parecen estar justamente donde debieron estar siempre, y te das cuenta de que, de alguna manera, se están fundiendo con la naturaleza que los acoge. Y con alegría sientes cómo, a través de tus plantas, una energía vibrante y fortalecedora quiere entrar en ti, para formar parte de ti, y tú deseas que tal hecho se produzca.

Entonces te yergues todo lo que puedes, levantas la cabeza hacia el cielo para que la Luna llena, que ya ha comenzado su ascensión, pueda mirarte directamente a la cara cuando se halle en su cénit. Estiras tus brazos al máximo y, con las palmas de tus manos hacia arriba, abres todos tus dedos para que abarquen el mayor espacio posible.

Y entonces tu naturaleza física comienza a mutar.

Puedes sentir como tus pies se afianzan firmemente, se enraízan en la tierra nutrida y húmeda. Tus dedos se alargan, viajan veloces, se introducen cada vez más bajo la tierra, horadan túneles que se cruzan con otros túneles hechos por otros dedos. Son tus raíces, raíces fuertes y poderosas que serían capaces, si así lo desearas, de atravesar toda la tierra. Pero no necesitas tanto, sólo buscas los mejores nutrientes, los remansos húmedos donde tomar el agua, las tierras fragantes y esponjosas que los seres del interior de la tierra se han molestado en mezclar y enriquecer.

Tus piernas y tu cuerpo se vuelven más fuertes y duros que nunca. Todo aquello de lo que estás formado se integra en una materia orgánica que se dispone formando círculos. Un círculo por cada uno de los años que has vivido, otro círculo por cada una de las decisiones que has tomado, otro por cada una de las personas que has amado, otro por cada uno de los deseos que has cumplido. Círculos y círculos que hacen de tu cuerpo un tronco robusto y grueso, imponente, importante, que cada vez que crea un círculo va tomando mayor altura.

Y tus brazos, tus manos con los dedos extendidos... primero dos ramas, luego diez, luego cien, luego mil ramas y más ramas de diferentes formas y grosores, de diferentes alturas, creando un entramado de complejos laberintos que las miradas humanas serían incapaces de recorrer.

Hojas verdes empiezan a tupir tus ramas, y sientes como si tus pulmones se llenasen por vez primera, como un recién nacido que comienza a respirar. Te produce tanto miedo que te hace llorar. Pero, al mismo tiempo, es esa primera inspiración la que te convierte en una criatura recién llegada a la vida. Tus hojas son tan bellas, su aroma tan fragante, su color casi irreal. Y, cuando la luz de la Luna llena incide sobre ellas, desprenden reflejos plateados y verdes enlazados como brillantes guirnaldas de un árbol de Navidad.

Pero mientras todos estos milagros están ocurriendo en ti, bajo la tierra y sobre ella, tu rostro sigue ascendiendo a las alturas con cada centímetro que tu nueva forma adquiere, con cada empujón de la savia que ahora sustituye a la sangre de tus venas, con cada brisa que agita tus hojas y desvela al mundo su olor pacificador y balsámico. Sigues creciendo, sigues creciendo... Cada vez te sientes más cerca de la copa de los árboles más ancianos y más altos del bosque en que te encuentras. Pero eso no es suficiente para ti, has de rebasarlos a todos, pues has de mirar cara a cara el bello rostro de la Luna llena.

Cuando al fin lo logras, cuando la blanca luz te acaricia y sientes cómo la sonrisa amorosa de la Madre te agradece tu esfuerzo para convertirte en mucho más de lo que ya eres, entonces vuelves el rostro hacia ti mismo, hacia tu estructura arbórea, y empiezas a descubrir que, en tu crecimiento, no sólo has ido adquiriendo altura, fuerza, sabiduría y vigor, sino que también has dado una gran parte de ti, has sido generoso sin esfuerzo, sin proponértelo, sin darte cuenta, sólo porque ello es parte de tu naturaleza.

Observas decenas de nidos acomodados en tus ramas, muchos de ellos con huevos, otros con crías de pájaros y algunos otros ya abandonados por haber cumplido ya su función. Las ardillas corren por tus ramas, y un búho ulula en alguna parte de ti. Además tienes frutos que sirven de alimento a muchas especies.

Tus raíces han crecido hasta cercanos riachuelos que te traen rumores del mundo natural y susurros de las criaturas del subsuelo. Los ciervos se alimentan con las hojas de tus ramas más bajas y una familia de roedores ha construido su hogar en la parte de tu raíz que sobresale de la tierra. Eres maravilloso, generoso, todo lo que hay en ti es vida y promesa de más vida. Eres amor. Eres tú.

Cuando te sientas completamente vinculado a esta visión, dedica un rato a disfrutar de ella, de esos sentimientos maravillosos que te produce y convertirlos en bienestar para tu cuerpo, tu mente y tu espíritu. Cuando desees volver al mundo real, sólo tienes que elevar de nuevo el rostro hacia la Luna llena y despedirte con un suave beso. Entonces ella te devolverá al lugar donde empezó todo, en el que estás tranquilamente acomodado y relajado, a la espera de obtener todos los beneficios de esta visualización. Respira profundamente y abre los ojos.

Observaciones:

Fecha: .... / .... / ....

Meditaciones lunares

Fecha: .... / .... / ....

Fecha: .... / .... / ....

Fecha: .... / .... / ....

Fecha: .... / .... / ....

Luna llena: la madre

Fecha: .... / .... / ....

Fecha: .... / .... / ....

¿Cómo te sientes? Como siempre toma nota en el cuaderno. Con la práctica, cuando ya domines este ejercicio, podrás hacerlo más complejo añadiendo otras estaciones a la visualización, dejando que tras tu primavera venga el verano, luego el otoño y luego el invierno, con todo lo que ello supone para tu naturaleza arbórea y para todas las criaturas que la habitan o que dependen de ella.

Ejercicio 14: tu animal totémico

Con este ejercicio dejaremos que nuestros procesos mentales inconscientes tomen todo el control y que visualices, sin buscarlo y de forma inesperada, el animal totémico que mejor te represente o precises en este momento. Llegará desde el mundo real o desde el imaginario, sin que tus deseos o directrices afecten a su especie, edad, tamaño o cualidades. Será como si él te eligiese a ti, como si, justamente, la criatura animal que tú necesitas apareciese, justamente, ahora que lo necesitas.

La particularidad de este ejercicio es que el animal que tu mente traiga para ayudarte y acompañarte en cada ocasión puede ser totalmente diferente, pues muy diferentes serán también las necesidades o requerimientos que tengas en cada momento. A veces uno necesita un dragón que escupa fuego y queme todo aquello de lo que tanto trabajo nos cuesta librarnos, otras veces será un osito pequeño, como un peluche, el que venga a recordarnos que debemos poner algo más de ternura en nuestra vida, y puede que en otras ocasiones nos encontremos acompañados por inteligentes y hacendosas arañas que tejerán nuevas telas para atrapar nuestros pesares, o por peces de colores que harán apetecibles y seguras unas aguas hasta entonces tenebrosas y agitadas.

De nuevo vamos a olvidarnos del cine y a dejar que nuestra mente vuele libre hasta el lugar que más le apetezca visitar. ¿Dónde te sentirías más a gusto en estos instantes? En un bosque verde, o en una estepa nevada, quizás a las orillas de un lago, puede que en la cima de una montaña, o tal vez una gran pradera o un inmenso y dorado trigal. Puede que tu ánimo sea más urbano y prefieras pasear por una gran ciudad llena de gente y de escaparates iluminados o, por el contrario, quieras emprender tu búsqueda en una pequeña aldea de pescadores o en un poblado ancestral en medio de la selva amazónica.

Deja que tu mente visite todos los lugares que desee, que viaje por todos los mundos, que investigue todas las épocas, que se sumerja en reinos imaginarios o que se deslice silenciosa e invisible por entre las rocas ígneas de un volcán en erupción. No importa el lugar que elijas, sólo importa lo que tu mente considere que es lo más parecido a cómo te sientes en esos momentos, el lugar que más se parezca a ti, que más se vincule a tus necesidades o carencias, el sitio exacto en el que tu mente debe vivir estos instantes de mágica y elevada reflexión.

Cuando te encuentres en el lugar elegido permítete estudiarlo con todo detalle. Fíjate en cada cosa que te rodea mientras caminas, investigándolo todo, tocándolo todo, analizando ese entorno que refleja el momento que estás viviendo, sabiendo que nada aquí puede hacerte ningún daño. No hay dolor ni miedo, no hay angustia ni pesar, sólo observación y la constatación de que lo que te rodea no es otra cosa que el reflejo del instante que vives dentro del mundo real.

Cuando hayas comprendido ese entorno especial, deja que todo se vuelva negro a tu alrededor. Concéntrate únicamente en la oscuridad y en el silencio. No prestes atención a las posible imágenes o sensaciones que puedan llegarte, mantente relajada y centrada en la oscuridad.

Intenta no sentir absolutamente nada. Imagina que hubieses perdido los cinco sentidos: tu olfato es incapaz de percibir aromas que antes sí percibía, tu lengua ya no siente el interior de tu boca, tus ojos están ciegos, ni un solo sonido perturba el silencio absoluto y no hay un solo milímetro de tu piel que pueda sentir absolutamente nada. Es como si tu corporeidad hubiese dejado de existir.

Pero entonces tu olfato empieza a percibir algo, un único olor, un fragante aroma que no habías notado durante tu anterior examen del entorno. No eres capaz de precisar a qué se debe y cada vez es más penetrante.

Tu lengua se reactiva al sentir la saliva y cierto sabor en el aire al abrir la boca para respirar, como si ese olor que va haciéndose más notorio se convirtiese en un leve sabor que apenas saben apreciar tus papilas gustativas.

Escuchas un sonido, como el de una respiración suave, o como el del viento al pasar cerca de ti. El sonido se hace, poco a poco, más fuerte, se aproxima, se va definiendo. Entonces notas en tus piernas un roce muy leve, muy suave y delicado, dulce, amistoso y amable, como una caricia. Ese roce se repite otra vez, ahora un poco más duradero pero igual de amable y conciliador.

Tus ojos se mantienen cerrados, no desean ver a la criatura que ha venido desde lo más profundo de tu mente para acompañarte en tu viaje, están esperando que los otros sentidos desvelen el misterio.

Poco a poco su contacto se hace más notable, más cercano, tanto que te permite percibir su tamaño, si es grande o pequeño, minúsculo o enorme... Tus manos investigan aquello que recubre su cuerpo para ver si es suave o rugoso, si es pelo, pluma, escama o piel lo que sienten las yemas de tus dedos, encuentras su principio y su final, detectas la fuerza de su corazón y tus oídos lo escuchan como si fuese un tambor ceremonial que va, poco a poco, acompasando su ritmo con el de tu propio corazón. Su olor se va volviendo cada vez más concreto y conocido, uniéndose al tuyo como si ambos procediesen de un mismo ser: una criatura humana, otra animal, unidas y complementarias. Te permites acercar tu rostro ciego al suyo, hundirte en su naturaleza salvaje para empaparte de ella, sintiendo cómo te acoge y te recibe con todo su amor pues ha venido para estar contigo, para acompañarte, para entregarte sus características y sus dones y ayudarte, así, a hacer cualquier cosa que hayas de hacer. Te sientes armónicamente entregado a ese ser, unido a él, descansado en él. Abres entonces los ojos de tu mente para confirmar la realidad de tu animal totémico que ya te han ido revelando tus otros sentidos y caminas con él por ese entorno en el que ambos os habéis encontrado y que ya puedes ver de una manera totalmente distinta, pues ahora ya no estás tú solo. Ahora tienes a tu tótem contigo y todas sus capacidades son tuyas también.

Disfruta de la compañía de tu animal totémico todo el tiempo que desees mientras te empapas de su poder y sus cualidades. Cuando te sientas colmado de su ser y seguro de que volverás a la realidad con todo lo que te ha aportado, deja que se funda contigo y que se integre en tu naturaleza personal.

Deja que tu mente abandone ese entorno y regresa al mundo real en que vivimos, al que volverás reforzado, renovado, cargado con toda la potencia de tu animal totémico y preparado para afrontar cualquier decisión que tengas que tomar.

Respira hondo unas cuantas veces... abre los ojos.

Observaciones:

Fecha: .... / .... / ....

Fecha: .... / .... / ....

Meditaciones lunares

Fecha: .... / .... / ....

Fecha: .... / .... / ....

Fecha: .... / .... / ....

Fecha: .... / .... / ....

Cuando tomes nota de tus impresiones, tras realizar este ejercicio, además de la fecha escribe también el problema que deseabas enfrentar o la decisión que querías tomar, el lugar al que has viajado y el animal que ha venido a entregarte su poder.

Luna menguante:
la anciana

Al igual que en la Luna creciente, en esta fase también nos encontramos a Diana, cazadora con su arco, que nos viene a decir que la "anciana" está ya tan cansada y agotada que, en breve, desaparecerá de los cielos para morir, ocultándose de nuestra vista durante tres días. Y si antes dijimos que el Arco de Diana en el Creciente representaba a la Luna vieja yaciendo en brazos de la nueva, ahora, en el Menguante, podemos usar esa misma metáfora pero en sentido contrario, como el último abrazo y la última sonrisa que la Anciana nos dedica antes de dejarse llevar al mundo de la oscuridad total.

Por tanto nos encontramos con una misma figura mistérica que representa dos conceptos totalmente opuestos: el nacimiento y la muerte que, vistos desde la óptica de los secretos ancestrales de los cultos lunares, significan exactamente lo mismo, el ciclo vital, el nudo interminable, la serpiente Ouroboros o Uróboros que se muerde la cola y que nos advierte de que, hagamos lo que hagamos, el ciclo siempre es inmutable y eterno.

Vamos ahora a determinar cuáles son las energías místicas que los catorce días del Menguante nos pueden aportar durante nuestras prácticas meditativas a través de la visualización. Al igual que en su fase contraria, el Creciente, nos encontramos con tres partes del ciclo bien diferenciadas:

Primer Cuarto Menguante: es un período al que se llama también "Luna Balsámica", quizá porque, tras la recarga energética de la más alta potencia que nos otorga la fase anterior, ahora ésta nos ofrece una "balsa" sobre la que reposar y relajarnos. Este momento es adecuado para realizar retiros meditativos y conectar con la energía de la "anciana" con el fin de mejorar la comunicación espiritual y el desarrollo personal. Muchas de las meditaciones y visualizaciones que se realizan en estos primeros días del ciclo están dirigidas al aprendizaje del perdón, bien para otros o para nosotros mismos, como inicio del sendero del Menguante que, más adelante, nos permitirá purificarnos y entrar de lleno en el camino de la renovación.

Cuarto Menguante Perfecto: en este instante la Luna entrega sus energías a todo aquello que esté relacionado con la eliminación, la separación, la liberación de la negatividad acumulada o la búsqueda de valor para poner fin a todo aquello que deseamos finalizar. Es el momento de mirar hacia nuestro interior, recogernos en soledad y examinar aquello que no nos gusta de nosotros mismos para transformarlo. El Cuarto Perfecto nos ayuda a localizar esas ideas antiguas que deberíamos desechar para dejar sitio a nuevas posibilidades y formas de pensar, todos debemos aprovechar este momento para apartar de nuestro equipaje metafórico lo que ya no nos sirve y que ocupa un espacio que necesitamos para acoger aquello que realmente nos permita avanzar.

Segundo Cuarto Menguante: las claves en estos últimos días del ciclo son la introspección, la relajación, la purificación y la finalización. Las meditaciones y visualizaciones realizadas en este momento van enfocadas a la idea de cerrar el ciclo, de reflexionar sobre la necesidad de compartir con los demás todo aquello que hemos aprendido y preparar nuestro espíritu para la inminente Luna nueva y el posterior renacimiento. Es tiempo para disfrutar de prácticas meditativas nocturnas y relajantes que finalicen con un sueño reparador y profundo, que conecten con la energía calmada y tranquila y con la sonrisa de la "anciana", que se despide feliz sabiendo que volverá rejuvenecida y pletórica de fuerza vital.

Los conceptos que vamos a trabajar durante esta fase, como paso previo a la próxima renovación del ciclo son "cosecha", que evoca las ideas de gratitud y perdón y que trabajaremos en el Primer Cuarto Menguante, "limpieza" en el sentido de eliminación de aquello que nos limita o daña y pensada para hacer en el Cuarto Perfecto y, en tercer lugar, "finalización", que nos trae la idea de abandonarse o dejarse llevar para el Segundo Cuarto y los dos últimos días del ciclo.

Ejercicio 15: gracias

Respira profundamente para eliminar todo el aire viejo que hay en tus pulmones y vuelve al cine. La pantalla está en blanco, estás esperando que empiece la proyección pero, en lugar de eso, ves cómo la pantalla se va volviendo traslúcida, poco a poco, ganando cada vez mayor transparencia. Es una transparencia extraña, como si estuviese hecha de ondas acuáticas; una superficie móvil, ondulante, que te permite ir descubriendo imágenes al otro lado, imágenes aún muy difusas pero que poco a poco se van clarificando hasta que, ante ti, tras la pantalla hecha de agua que fluye de manera regular y constante, te ves a ti mismo, sentado en tu butaca de cine, con la nada a tu alrededor.

Concéntrate en esa figura que, inmóvil, parece mirar directamente a tus ojos, fíjate en su expresión tranquila y relajada, en su postura cómoda, en la sonrisa que ilumina su rostro. Siente su tranquila armonía, su satisfacción, su convencimiento de estar justamente en el lugar en el que debe estar.

Fíjate como su pecho sube y baja con cada respiración, con una cadencia calmada. Permítete sentir el relax de todos sus músculos y la energía armónica y equilibrada que lo rodea.

Ahora, a través de la pantalla de agua azulada y ondeante, empiezas a percibir diferentes figuras que parecen flotar alrededor de tu otro Yo. Al principio son sólo delgadas volutas de diferentes colores, puedes ver cómo se mezclan, se acarician y se abrazan entre sí, creando pequeños y aleatorios juegos de luces y sombras que semejan texturas y que son capaces de evocar sensaciones, sabores y aromas.

Observa con atención todo ese movimiento, permite que las volutas vayan tomando formas más concretas, dibujando lugares que te hacen sentir bien, reflejando escenas que te recuerdan buenos momentos, mostrando rostros que te transmiten sensaciones agradables. Detente un rato en cada una

Luna menguante: la anciana

de estas concreciones, de estos reflejos de realidades que parecen navegar por las aguas transparentes, a través de las que puedes ver cómo la sonrisa de tu otro Yo se amplía y sus ojos la acompañan con alegría desbordante. Esa alegría se contagia a cada fibra de tu ser y aumenta con cada nuevo lugar reconocible, cada escena recordada y cada rostro que se te muestra, cada vez más fuerte, cada vez más intensa, cada vez más elevada, cada vez más espiritual, cada vez más concreta.

Toda la energía que te rodea se vuelve de un blanco prístino, inmaculado. Una energía que se introduce poco a poco en tu cuerpo simbólico, una energía que va inundando tu cuerpo real, llenándote, colmándote, dándote una plenitud casi abrumadora de fuerzas gratificantes y positivas, cubriéndolo todo, sustituyéndolo todo, haciendo desaparecer el reflejo, las imágenes, los colores, la pantalla, la butaca, el cine, hasta que sólo quedas tú. Tú mismo convertido en un ser de luz tan brillante y potente que sientes que no puedes seguir conteniéndola.

Siente ahora la naturaleza de esa luz. Las razones por las que es necesario que salga de ti, los motivos por las que debes expandirla al Cosmos, para compartirla con lo que existe.

Es tan solo una palabra.

Cuando pronuncies esa palabra, toda la energía benefactora que contienes será expulsada de tu cuerpo con gran fuerza, esparciéndose por el mundo, llenando todo el Universo.

Es tan solo una palabra... una palabra... una palabra: GRACIAS.

Mantente en silencio y con los ojos cerrados mientras visualizas cómo de tu cuerpo sale toda esa inmensa fuerza luminosa, blanca y energética que lo invade todo. Puedes, si es tu deseo, seguir alguno de esos rayos de gratitud hasta alguna persona en concreto, o hasta algún lugar que consideres merecedor de recibir la bendición que estás lanzando a todo lo que existe.

Meditaciones lunares

Cuando te sientas vaciado, cuando hasta la última pizca de agradecimiento haya sido entregada al Cosmos, respira hondo y disfruta de la maravillosa sensación y de la magia que supone el DAR. Cuando te sientas listo para ello, vuelve a la realidad y abre los ojos.

Observaciones:

Fecha: .... / .... / ....

Fecha: .... / .... / ....

Fecha: .... / .... / ....

Fecha: .... / .... / ....

Luna menguante: la anciana

Fecha: .... / .... / ....

Fecha: .... / .... / ....

Fecha: .... / .... / ....

Fecha: .... / .... / ....

Fecha: .... / .... / ....

Ejercicio 16: el perdón

El sentimiento de culpa es, probablemente, el más paralizador de todos. Sabemos que el miedo es terrible, pero también sabemos que la naturaleza nos ha dotado con herramientas adecuadas para enfrentarnos a él (con mayor o menor dificultad). Todos pasamos por etapas en las que somos atenazados por distintos sentimientos de carácter negativo y dañino que nos hacen a vivir situaciones desagradables o que, incluso, nos provocan trastornos en nuestra salud, pero créeme, la CULPA, así, con mayúsculas, es el peor miedo de todos.

Pero no hay por qué preocuparse. Voy a revelarte el gran secreto: la única arma realmente efectiva contra la culpa es EL PERDÓN. El perdón a los demás, y a uno mismo (tristemente, el más difícil) nos libera de todos los miedos y nos devuelve la serenidad de nuestro estado natural.

Respira profundamente y sitúate en tu cine. Observas la pantalla esperando que comience la proyección. Pero algo ocurre en la pantalla. Comienza a ondularse suavemente y su superficie blanca parece convertirse en traslúcida, hasta hacerse casi transparente. Esa nueva superficie móvil, ondulante, deja ver tras de sí una silueta difusa. Poco a poco se va haciendo más nítida. Su transparencia es ahora casi total y te deja ver claramente tu imagen. Tras esa pantalla sinuosa, te ves a ti mismo, sentado en tu butaca de cine. A tu alrededor todo es de un anodino y vacío blanco. En ese vacío, el que el único punto de color eres tú sentado en tu butaca.

Concéntrate en esa figura que, inmóvil, parece mirar directamente al infinito, fíjate en la expresión de su rostro, parece excesivamente seria; triste, quizás; incluso atormentada. La postura de su cuerpo te resulta demasiado tensa, proba-

Luna menguante: la anciana

blemente esa sea la causa de que tengas que esforzarte en mantener tus músculos relajados, pues los suyos parecen condenados al dolor de las contracturas. Puedes sentir lo que su aspecto refleja: la carga de un pasado que hace que sus hombros estén encorvados y su cabeza gacha.

Fíjate en cómo su pecho sube y baja con cada respiración, una respiración que te parece irregular, esforzada, artificial. Es como si estuvieses viendo una realidad desenfocada, como si la imagen de ti mismo que ves a través de la pantalla de agua azulada y ondeante no fuese la correcta.

Sintoniza tus sentimientos con los suyos y convoca todo aquello que consideras que puede provocar su pose doliente. Permite que todo lo que dañaste o te dañó acuda a la llamada del espejo de agua. No concretes nada en absoluto, no pienses en nada específico, no reclames a nadie, ningún momento, ningún lugar, ningún recuerdo... Sólo permite que el dolor y la culpa adquieran presencia propia y viajen al otro lado.

Desde tu butaca de cine protegida y realista, puedes observar cómo en la realidad virtual y alternativa que se te muestra empiezan a fluir pequeñas sombras grisáceas, que recorren, cada vez con mayor velocidad, todos los rincones de la blanca estancia en la que sufre tu alter ego. Llegan más sombras, aparecen a través del suelo, aparecen a través del techo, aparecen cruzando todas las paredes, menos la de agua que separa tus dos existencias. Las sombras van haciéndose cada vez más grandes, más oscuras, más sólidas, y colonizan toda la habitación. Éstas son las culpas que los demás arrojaron sobre ti fijándose sobre el blanco, lo que podrás liberar mediante el PERDÓN que le otorgues a los demás. Y todo alrededor, al otro lado de la pantalla de agua, se vuelve negro; todo excepto la butaca y tu reflejo.

Pero las culpas propias son mucho más difíciles de afrontar. Para ello has de hacer acopio de tu fuerza interior, aprovechar las energías que te rodean, reclamar la ayuda de la Luna y transmitir esa fuerza a tu reflejo. Es entonces cuando un suave rayo de luz lunar atraviesa la negrura que hay sobre su cabeza hasta terminar justamente en su coronilla. En ese instante, reptantes sombras negras empiezan a salir del cuerpo y trepan por el hilo de plata vaciando el alma de tu reflejo, vaciando tu alma de la culpa, de la vergüenza, de la sensación de no haber hecho lo que debieras o de haber errado al elegir algún camino. Observas cómo esas sombras que estás expulsando son cada vez más pequeñas, más delgadas, más grises, menos negras.

Cuando la última de las culpas sale del cuerpo de tu reflejo, el rayo de luz lunar desaparece y percibes un cambio en tu otro Yo: ves alivio en su rostro, la distensión y relajación de su postura, la regularidad de su respiración. Lo sigues cuando se levanta de la butaca y apoya sus manos sobre la pared de agua, mirándote, mientras a sus espaldas todo es consumido por la negrura. Tu reflejo se ha vaciado de toda culpa, pero ésta aún no ha desaparecido, sigue tras él, acechando, amenazando con volver a poseerlo.

Él es fuerte y está decidido a eliminar las culpas para siempre pero para ello necesita de tu ayuda.

Te transmite la comprensión de la inutilidad de sentirse culpable, la inutilidad de culpar a otros y la imposibilidad de avanzar cargando con semejante equipaje. Esfuérzate en interiorizar estas sensaciones, en hacer tuyo por completo este sentimiento, en comprender la necesidad de liberarte definitivamente de tal carga y deja que la fuerza liberadora crezca en tu interior como una gigantesca bola de energía sanadora.

Ahora siente como desde tu butaca, desde tu propia conciencia, envías esa bola de energía convertida en un poderoso rayo plateado que golpea violentamente y atraviesa la pantalla de agua. Mira cómo las olas reaccionan, volviéndose bravas, enfurecidas... Mira cómo tu reflejo es consciente de la ayuda que le estás enviando, cómo coloca firmemente sus pies en el negro suelo y abre los brazos para recibir las fuerzas que le entregas.

Tu reflejo recibe el rayo justo en el centro de su frente y lo convierte en una pequeña espiral de energía azulada que va tomando cada vez más fuerza, más velocidad, ocupando más espacio hasta convertirse en un torbellino de energía llamado PERDÓN, que comienza a absorber toda esas sombras de la estancia que son las culpas que te acechan. Algunas se las lleva con facilidad y sin resistencia, pero otras le exigen una lucha titánica, pues la culpa desea permanecer. Pero el torbellino, el tornado de energía, que al tiempo que se alimenta de las sombras va tornando su color azulado en blanco puro, el PERDÓN, es más poderoso que la culpa y se lleva, primero, todas las sombras que vinieron del exterior, las absorbe y asimila hasta hacerlas desaparecer. Luego empieza a tirar de tus propias culpas, pero las sombras reptantes son capaces de dividirse, como las células, y el torbellino no parece suficiente para acabar con todas ellas. Es entonces cuando la poderosa Luna une su energía a la tuya y el torbellino de PERDÓN es repentinamente fortalecido hasta el punto de que, en un único y poderoso giro, devora la totalidad de las sombras devolviendo a la estancia su blanco inmaculado.

Poco a poco el torbellino se va calmando. Poco a poco su color va pasando de blanco a un transparente azulado y poco a poco se va integrando en la pantalla acuática dejando en el cine reflejado, únicamente, a tu otro Yo. Feliz, relajado, reconciliado con el Universo porque ha perdonado a los demás y se ha perdonado a sí mismo, igual que tú... igual que tú.

Mantén un rato los ojos cerrados todavía, regodéate en esa sensación de haberte liberado de la más pesada de las cargas, respira profundamente varias veces para limpiar tus pulmones y, cuando te sientas a gusto contigo mismo, regresa al mundo de los seres conscientes. Bienvenido.

Meditaciones lunares

Observaciones:

Fecha: .... / .... / ....

Fecha: .... / .... / ....

Fecha: .... / .... / ....

Fecha: .... / .... / ....

Luna menguante: la anciana

Fecha: .... / .... / ....

Fecha: .... / .... / ....

Fecha: .... / .... / ....

Esta visualización es complicada, hay que enfrentarse a ella con intención de llevarla hasta el fin, no sea que nos quedemos atrapados en la negrura. Si cuando termines no has conseguido liberar todos tus sentimientos de culpa o sigues sintiéndote incapaz de perdonar a alguien o a ti mismo, no te preocupes, apunta tus sensaciones y trata de ser consciente de aquello de lo que sí has conseguido liberarte. Con el tiempo descubrirás que el PERDÓN, al igual que la GRATITUD, son actitudes que se aprenden, que se ejercitan y que, cuando forman parte de uno mismo, nos permiten una vida más plena, más saludable y mucho más feliz.

Ejercicio 17: limpieza de armarios

Todos llevamos una especie de inmensa mochila imaginaria cargada sobre nuestras espaldas, una mochila a la que nos cuesta mirar o enfrentarnos y que, cuando se hace demasiado pesada, simplemente la vaciamos y lanzamos todo su contenido al interior de un, también imaginario, armario gigantesco, que jamás deja de crecer. No necesitamos librarnos de todo lo que hay en nuestra mochila o en nuestro armario, pues es lo que conforma nuestra vida y, en toda vida, hay muchas cosas que debemos eliminar pero también muchas otras que es necesario conservar.

Acomódate, respira profundamente y visualízate cómodamente sentado en tu butaca del cine, ante la familiar y reconocible pantalla.

Observa cómo la pantalla se mantiene blanca, inmaculada, sin una sola mancha o sombra que pueda perturbar su pureza. Fíjate bien en ella, respira con la tranquilidad que te da el estar en un lugar seguro y conocido y sigue mirando la pantalla mientras empiezas a notar sutiles cambios en su forma, como si hubiese tomado conciencia de sí misma, alargándose y curvándose sus lados para formar un gran círculo que se está cerrando a tu alrededor, creando un espacio circular en el que sólo estás tú, tranquilo, en tu butaca de cine, seguro y sin que nadie pueda venir a perturbarte. Tu cine, tu pantalla de cine, es ahora una estancia blanca y circular con una especial característica que hace que puedas verla, toda entera, sin necesidad de girar la cabeza, sin moverte de tu butaca, sin esfuerzo, sin miedo.

La estancia va cambiando y, en su estructura lisa y blanca de pantalla de cine que te envuelve, empiezas a percibir la silueta de unas puertas largas y anchas, puertas que cada vez son más notorias, de molduras llamativas, hermosas, pero

Luna menguante: la anciana

sin pomos, ni tiradores para poder abrirlas y descubrir qué se esconde tras ellas.

Pero no es necesario que tú las abras, no. Te das cuenta de que eso que te rodea es un gigantesco armario, un armario al que hasta ahora no habías tenido acceso, un armario en el que almacenas todo lo vivido, y que sólo abre sus puertas cuando es necesario, ya sea para meter cosas o para sacarlas. Y verdaderamente hoy son muchas las cosas que debes sacar.

Las puertas se abren y en el interior del armario puedes ver un abanico de prendas, de distintas tallas, estilos, colores... Reconoces algunas como tuyas, pero otras no. Tras esas puertas sólo existe el CAOS, desorden, multiplicidad, apertura y agotamiento del espacio.

El contenido del armario es repentinamente arrebatado, como si un brazo invisible se dedicase a vaciar estantes, percheros y cajones con prisa y determinación arrojándolo todo sobre el suelo. Y entonces, cuando el interior está totalmente vacío, las puertas del armario se cierran y comienzan a desvanecerse hasta que te encuentras de nuevo rodeado de esa pared lisa y circular en la que se había convertido tu pantalla de cine y alrededor de tus pies hay un gigantesco batiburrillo de prendas de diferentes colores y texturas que alcanza la altura de tus rodillas.

Dentro de ese cilindro blanco y abarrotado en el que se ha convertido tu cine te encuentras sentado todavía en tu butaca, pero de este modo sientes que no puedes enfrentarte a todo el caos que te rodea. Te pones de pie, y al mirar a tu alrededor te das cuenta de que, en medio de todo ese desorden, han aparecido tres cajas de cartón, cada una de un tamaño, cada una con un rótulo, cada rótulo con una palabra:

GUARDAR (en la más pequeña), REGALAR (en la mediana), BASURA (en la más grande)... Viendo todo el desorden que te rodea te preguntas cómo organizar y clasificar todo, por dónde empezar, incluso si serás capaz de hacerlo.

Entonces las respuestas te surgen de manera natural: empezando por el principio, por supuesto que puedo.

Te mueves por la montaña de prendas buscando aquellas cuyo color predominante sea el rojo, pues vas a empezar por las pasiones. Cada vez que encuentras una prenda de tonos rojos la tomas en tus manos y la examinas: ¿fue mía o de algún otro? Si fue mía, ¿cuándo la llevé? Si fue de otro, ¿por qué la guardo yo? Acaricias el tejido, hueles los recuerdos inscritos en sus fibras y, en su abundancia de rojos y tonalidades, buscas la importancia o la insignificancia de esos recuerdos.

Visualiza cómo tomas una de esas prendas, trata de traer a tu mente aquellos recuerdos y sentimientos vinculados al amor, a los principios, al genio y a las pasiones. Recupera esas experiencias pasadas que, ya fuesen positivas o negativas, te enriquecieron de alguna manera. Permite que cada recuerdo guardado flote suspendido ante tu mirada mental. Deja que vuelvan a ti durante un instante las mismas sensaciones que percibiste en el momento evocado. Mantén esa percepción tan sólo hasta que determines si es algo que vale la pena seguir guardando o si es mejor deshacerse de ello.

Ahora presta atención de nuevo a la prenda que visualizas en tus manos y dóblala para ponerla en la caja que le corresponde: pon en la caja de GUARDAR aquellas prendas que te proporcionan felicidad o que te hacen sentir mejor persona; en la caja de REGALAR mete las que ya no te sirvan pero que quizá puedan beneficiar a otros y, en la caja de BASURA, pon las que te sugieren momentos infelices, culpas, dudas, cargas, deudas, miedos... Haz esto mismo con todas las prendas de color rojo de tu armario mental.

Tras colocar todas las prendas rojas vuelve a mirar el caos de ropa y enfoca ahora tu atención en el color naranja, ese color cálido que se asocia a las vitaminas, a la alegría de los amaneceres y la nostalgia de los atardeceres. Cada vez que encuentres una prenda de este color tómala en tus manos y examínala: ¿fue mía o de algún otro? Si fue mía, ¿cuándo la llevé? Si fue de otro, ¿por qué la guardo yo? Acaricias el tejido, hueles los recuerdos inscritos en sus fibras y, en su abundancia de tonalidades anaranjadas, buscas la importancia o la insignificancia de esos recuerdos.

Visualiza cómo tomas una de esas prendas, trata de traer a tu mente aquellos recuerdos vinculados a tu estabilidad emocional, a la felicidad o la tristeza, a la ansiedad o a la calma, averigua si te produce una sensación de libertad, alegría y vitalidad o si, por el contrario, te evoca momentos de nerviosismo y tensión. Sean positivas o negativas, recupera esas experiencias pasadas que te enriquecieron de alguna manera. Permite que cada recuerdo guardado flote suspendido ante tu mirada mental. Deja que vuelvan a ti durante un instante las mismas sensaciones que percibiste en el momento evocado. Mantén esa percepción hasta que determines si es algo que vale la pena seguir guardando o si es mejor deshacerse de ello.

Ahora presta atención de nuevo a la prenda que visualizas en tus manos y dóblala para ponerla en la caja que le corresponde: GUARDAR, REGALAR o BASURA. Haz esto mismo con todas las prendas naranjas de tu armario emocional.

Tras colocar todas las prendas naranjas vuelve a mirar el caos de ropa y enfoca ahora tu atención en el color amarillo, ese color que despierta sentimientos cálidos y parece atrapar en su interior la luz del sol. Cada vez que encuentres una prenda de este color tómala en tus manos y examínala: ¿fue mía o de algún otro? Si fue mía, ¿cuándo la llevé? Si fue de otro, ¿por qué la guardo yo? Acaricias el tejido, hueles los recuerdos inscritos en sus fibras y, en su abundancia de tonalidades, buscas la importancia o la insignificancia de esos recuerdos:

Visualiza cómo tomas una de esas prendas, trata de traer a tu mente aquellos recuerdos vinculados a tu energía vital. Quizá te recuerde algún momento de intensa concentración, o tu victoria sobre alguna obsesión o comportamiento compulsivo; o puede que te evoque momentos de soledad y distancia en los que estuviste recluso de tu propia mente. Recupera esas experiencias pasadas que, ya fuesen negativas o positivas, te enriquecieron de alguna manera. Permite que cada recuerdo guardado flote suspendido ante tu mirada mental. Deja que vuelvan a ti durante un instante las mismas sensaciones que percibiste en el momento evocado. Evalúalos. Mantén esa percepción sólo hasta que determines si es algo que vale la pena seguir guardando o si es mejor deshacerse de ello.

Ahora presta atención de nuevo a la prenda que visualizas en tus manos y dóblala para ponerla en la caja que le corresponde: GUARDAR, REGALAR o BASURA. Haz esto mismo con todas las prendas amarillas de tu armario emocional.

Tras colocar todas las prendas amarillas vuelve a mirar el caos de ropa y enfoca ahora tu atención en el color verde, ese color cálido que se asocia a los ciclos de renovación y a la vida. Cada vez que encuentres una prenda de este color tómala en tus manos y examínala: ¿fue mía o de algún otro? Si fue mía, ¿cuándo la llevé? Si fue de otro, ¿por qué la guardo yo? Acaricias el tejido, hueles los recuerdos inscritos en sus fibras y, en su abundancia de tonalidades, buscas la importancia o la insignificancia de esos recuerdos:

Visualiza cómo tomas una de esas prendas, trata de traer a tu mente aquellos recuerdos vinculados a las oportunidades, tanto a las aprovechadas como a las perdidas; trata de recordar las mentiras que contaste o que te contaron, y también cómo fuiste capaz de adaptarte cuando te tuviste que enfrentar a un cambio en tus circunstancias. Recupera esas experiencias pasadas que, ya fuesen positivas o negativas, te enriquecieron de alguna manera. Permite que cada recuerdo guardado flote suspendido ante tu mirada mental. Deja que vuelvan a ti durante un instante las mismas sensaciones que percibiste en el momento evocado. Mantén esa percepción tan sólo hasta que determines si es algo que vale la pena seguir guardando o si es mejor deshacerse de ello.

Ahora presta atención de nuevo a la prenda que visualizas en tus manos y dóblala para ponerla en la caja que le corresponde: GUARDAR, REGALAR o BASURA. Haz esto mismo con todas las prendas verdes de tu armario emocional.

Tras colocar todas las prendas verdes vuelve a mirar el caos de ropa y enfoca ahora tu atención en el color azul, ese color frío que hacen que los lugares parezcan más grandes de lo que en realidad son. Cada vez que encuentres una prenda de este color tómala en tus manos y examínala: ¿fue mía o de algún otro? Si fue mía, ¿cuándo la llevé? Si fue de otro, ¿por qué la guardo yo? Acaricias el tejido, hueles los recuerdos inscritos en sus fibras y, en su abundancia de tonalidades, buscas la importancia o la insignificancia de esos recuerdos:

Visualiza cómo tomas una de esas prendas, trata de traer a tu mente aquellos recuerdos vinculados a la calma, a la presencia o la ausencia de inspiración, al espíritu elevado en busca de armonía y belleza o a la frialdad con que te enfrentas a aquello que te abruma. Recupera esas experiencias pasadas que, ya fuesen positivas o negativas, te enriquecieron de alguna manera. Permite que cada recuerdo guardado flote suspendido ante tu mirada mental. Deja que vuelvan a ti durante un instante las mismas sensaciones que percibiste en el momento evocado. Mantén esa percepción tan sólo hasta que determines si es algo que vale la pena seguir guardando o si es mejor deshacerse de ello.

Ahora presta atención de nuevo a la prenda que visualizas en tus manos y dóblala para ponerla en la caja que le corresponde: GUARDAR, REGALAR o BASURA. Haz esto mismo con todas las prendas azules de tu armario emocional.

Tras colocar todas las prendas azules vuelve a mirar el caos de ropa y enfoca ahora tu atención en el color índigo, ese que te recuerda que el espacio y el tiempo son infinitos. Cada vez que encuentres una prenda de este color tómala en tus manos y examínala: ¿fue mía o de algún otro? Si fue mía, ¿cuándo la llevé? Si fue de otro, ¿por qué la guardo yo? Acaricias el tejido, hueles los recuerdos inscritos en sus fibras y, en su abundancia de tonalidades, buscas la importancia o la insignificancia de esos recuerdos:

Visualiza cómo tomas una de esas prendas, trata de traer a tu mente aquellos recuerdos vinculados a la intuición y a la reflexión. Averigua si te evoca momentos de en los que te refugiaste dentro de tu mente hiperactiva o instantes en los que olvidaste que en el mundo había gente que te amaba. Recupera esas experiencias pasadas que, ya fuesen positivas o negativas, te enriquecieron de alguna manera. Permite que cada recuerdo guardado flote suspendido ante tu mirada mental. Deja que vuelvan a ti durante un instante las mismas sensaciones que percibiste en el momento evocado. Mantén esa percepción tan sólo hasta que determines si es algo que vale la pena seguir guardando o si es mejor deshacerse de ello.

Ahora presta atención de nuevo a la prenda que visualizas en tus manos y dóblala para ponerla en la caja que le corresponde: GUARDAR, REGALAR o BASURA. Haz esto mismo con todas las prendas índigo de tu armario emocional.

Tras colocar todas las prendas índigo vuelve a mirar el caos de ropa y enfoca ahora tu atención en el color violeta, ese que concentra lo más potente de las energías buenas y malas que emitimos y recibimos a lo largo de nuestra existencia. Cada vez que encuentres una prenda de este color tómala en tus manos y examínala: ¿fue mía o de algún otro? Si fue mía, ¿cuándo la llevé? Si fue de otro, ¿por qué la guardo yo? Acaricias el tejido, hueles los recuerdos inscritos en sus fibras y, en su abundancia de tonalidades, buscas la importancia o la insignificancia de esos recuerdos:

Visualiza cómo tomas una de esas prendas, trata de traer a tu mente aquellos recuerdos vinculados al trato que te has dado a ti mismo. Descubre si te evoca momentos en los que te has respetado y sentido digno o si, por el contrario, te recuerda cuando te traicionaste a ti mismo o traicionaste a otros. Recupera esas experiencias pasadas que, ya fuesen positivas o negativas, te enriquecieron de alguna manera. Permite que cada recuerdo guardado flote suspendido ante tu mirada mental. Deja que vuelvan a ti durante un instante las mismas sensaciones que percibiste en el momento evocado. Mantén esa percepción tan sólo hasta que determines si es algo que vale la pena seguir guardando o si es mejor deshacerse de ello.

Ahora presta atención de nuevo a la prenda que visualizas en tus manos y dóblala para ponerla en la caja que le corresponde: GUARDAR, REGALAR o BASURA. Haz esto mismo con todas las prendas violetas de tu armario emocional.

Tras colocar todas las prendas violetas vuelve a mirar el caos de ropa y enfoca ahora tu atención en el color negro... el color que todo lo absorbe. Cada vez que encuentres una prenda de este color tómala en tus manos y examínala: ¿fue mía o de algún otro? Si fue mía, ¿cuándo la llevé? Si fue de otro, ¿por qué la guardo yo? Acaricias el tejido, hueles los recuerdos inscritos en sus fibras y, en su abundancia de tonalidades, buscas la importancia o la insignificancia de esos recuerdos:

Visualiza cómo tomas una de esas prendas, trata de traer a tu mente aquellos recuerdos vinculados al pesimismo o a los extremos en que sólo puedes moverte entre el Bien y el Mal, o tal vez te evoque la idea de la Oscuridad primigenia del interior del Huevo y el nacimiento de una nueva vida. Recupera esas experiencias pasadas que, ya fuesen positivas o negativas, te enriquecieron de alguna manera. Permite que cada recuerdo guardado flote suspendido ante tu mirada mental. Deja que vuelvan a ti durante un instante las mismas sensaciones que percibiste en el momento evocado. Mantén esa percepción tan sólo hasta que determines si es algo que vale la pena seguir guardando o si es mejor deshacerse de ello.

Ahora presta atención de nuevo a la prenda que visualizas en tus manos y dóblala para ponerla en la caja que le corresponde: GUARDAR, REGALAR o BASURA. Haz esto mismo con todas las prendas negras de tu armario emocional.

Y tras colocar todas las prendas negras ha llegado el momento de ordenar las de color blanco, el blanco de tu pantalla, el que contiene todos los colores, el que refleja la luz, el reflejo de todo aquello que debemos conservar. Pero todas esas prendas blancas se organizan sin que tus manos intervengan en absoluto, doblándose, colocándose unas sobre otras, perfectamente ordenadas, suaves, atrayentes, mejorando, con su existencia, el contenido de la más pequeña de todas las cajas: la caja de GUARDAR.

Y creyendo que has terminado de ordenar miras a tu alrededor para descubrir que todavía hay tres colores a los que no has prestado atención, tres colores mágicos, de prendas "de fiesta", de las especiales, de las que uno no se puede poner en cualquier ocasión.

Y haces un montón con todas las prendas doradas, percibiendo en ellas la especialidad de sus tonos oro y sus texturas, de las ocasiones especiales que te hicieron brillar más que a ningún otro, porque fueron momentos en los que fuiste el "sol del mundo" y todas ellas van a la caja de GUARDAR.

Te encuentras entonces que sólo quedan dos colores, distintos y similares a la vez, hermosos y brillantes, poderosos, LUNARES.

Son prendas de tonos de madreperla y piedra luna, nacarados que brillan con las luces que reflejan la magia lunar y que se ordenan y organizan en el aire jugando un juego de destellos que pronto contagia a las últimas prendas que quedan en el suelo. Esas hechas con hilos de plata y rayos de luna que, unidas ya al resto de las piezas que bailan en torno a tu persona, se entrelazan y se mezclan en un tejido apretado y poderoso, cada vez más sólido, cada vez más reconocible, hasta que toda la enorme pantalla cilíndrica que te rodea se ve cubierta y teñida de luz de luna y se convierte en un inmenso espejo en el que sólo tú te ves reflejado. Ese Tú que ha vaciado su armario, descargado sus maletas y mochilas, limpiado y separado, que ha guardado tan sólo lo importante, regalado lo que puede beneficiar a otros y arrojado a la basura toda la carga innecesaria y dañina que, en realidad, era lo que más espacio ocupaba.

Entonces te das cuenta de algo sorprendente: en el espejo lunar tan sólo encuentras tu reflejo, han desaparecido las tres cajas.

Te giras y descubres que, en su lugar, está de nuevo tu butaca, tu conocida y cómoda butaca de cine y, con la calma que da el saber que te has librado de un enorme peso, te sientas en el lugar que te corresponde sin dejar de observar tu reflejo satisfecho y tranquilo. Mientras sientes tus músculos relajados y tu respiración profunda, la habitación hecha de espejo va, lentamente, retornando a sus tonos, texturas y forma, de una manera pausada y amigable, a la familiar y habitual forma y color de la pantalla de tu cine, en donde puedes descansar un rato, en silencio, manteniendo los ojos cerrados, hasta que te sientas con fuerzas para regresar a la realidad.

Observaciones:

Fecha: .... /.......... /...................

Meditaciones lunares

Fecha: .... / .... / ....

Fecha: .... / .... / ....

Fecha: .... / .... / ....

Fecha: .... / .... / ....

Luna menguante: la anciana

Fecha: .... /......... /.................

Fecha: .... /......... /.................

Fecha: .... /......... /.................

¿Cómo te sientes? Seguro que muy cansado. Probablemente tengas mucha sed, incluso hambre, puede que hasta se te haya despertado la necesidad de enfrentarte, esta vez físicamente y con total dedicación, a reorganizar tu casa empezando, claro está, por los armarios. Pero deja que tu mente descanse y, primero, escribe tus impresiones en el cuaderno.

Ejercicio 18: flotación

En esta práctica nos vamos a ocupar del último período del Menguante, el que se refiere a la decrepitud. El momento más adecuado para esta meditación es el último día de esta fase, justo antes de que comience el primero de los tres que componen el ciclo de la Luna nueva. De hecho, en esa noche, el finísimo Arco de Diana que te ofrecerá el plateado astro será visible desde muchísimo antes de la puesta del sol, con lo que en la noche estará muy alto, incluso puede que hasta fuera de tu vista. Esta visualización puedes hacerla como último ejercicio del día, acostado, antes de dormir.

Túmbate boca arriba, acomódate de tal manera que puedas relajar todos tus músculos y deja los brazos laxos a ambos lados del cuerpo. Una almohada bajo las rodillas contribuirá a que tu espalda tome una buena postura pero no utilices una muy gruesa, y tampoco es conveniente que tu cabeza esté demasiado alta para que no se fuerce la postura del cuello. Relájate, deja que todo en ti repose y descanse. Respira profundamente para entrar en un estado de relajación y de meditación profunda, sin concentrarte en nada específico hasta que sientas que no queda ninguna tensión en ti.

Visualiza cómo tu esencia abandona tu cuerpo. Imagina que te incorporas, despacio y suavemente, que separas tu cuerpo astral del físico, que te levantas del lecho y, ante tus ojos, se ha formado una puerta de madera muy antigua. La puerta tiene una cerradura de hierro oxidado y, en esa cerradura, hay metida una vieja llave muy grande. Visualiza como tu esencia gira la llave y abre la puerta. imagínate cruzando al otro lado.

En cuanto cruzas el umbral, la puerta desaparece, pero no te asustes, una puerta sería algo extraño en tan hermoso escenario. Bajo tus pies, arenas blancas y limpias recogen los últimos rayos del sol ya casi oculto tras las montañas. Puedes ver con claridad los tonos rosáceos que las rocas graníticas regalan a tus ojos mientras el gran astro dorado va pasando por el anaranjado y el rojo hasta perderse de tu vista por completo. Ha llegado el momento de que él también descanse y se renueve. Entonces te das la vuelta, giras ciento ochenta grados para enfrentarte al inmenso lago que ocupa todo el horizonte. Es un lago oscuro, tan calmo y silencioso que es como si en su superficie se hubiese formado un sólido espejo que sólo refleja el manto estrellado que lo cubre. La belleza de la Luna se te sustrae en esos instantes.

Pero la oscuridad que te envuelve, que parece convertir el lago en un plano celestial lleno de puntitos luminosos no resulta amenazadora, sino protectora, gratificante, nutritiva, y todo en ti solicita alimentarse de ella, fundirse con ella, descansar en ella.

Imagina cómo te desprendes de todo lo material, despójate de ropas y adornos o libera tus cabellos si algo hay en ellos que no sea natural. Visualiza cómo te desprendes de tu propia imagen exterior, de aquella que presentas ante el mundo, y siente tu cuerpo astral con una nueva piel que te haga sentir que eres por fuera tal como te sientes por dentro. Puedes ser tú mismo, el ser que existe tras las ropas, los adornos o la piel. Conviértete en lo que realmente eres, descúbrete ante ti mismo.

Cuando te hayas despojado de toda apariencia y sientas lo que vives en tu interior. Entonces, sin miedo, despacio, comienza a caminar hacia el lago, hacia su orilla oscura pero tranquila, sabiendo que es solamente tuyo, que nada más hay en él que esa agua limpia y pura que refleja el cielo estrellado y mágico que es testigo de tu importancia y enorme valor.

Deja que tus pasos te lleven por los senderos ocultos bajo el agua. Con tranquila seguridad ve colocando un pie y luego el otro, dejando que el agua tibia y agradable moje tus tobillos.

Luego, conforme te adentras en ella, va alcanzando tus pantorrillas y rodillas, tus muslos, la zona pélvica, las caderas y la cintura. Disfruta del contacto húmedo, purificador y refrescante, de la promesa de vida que siempre trae el agua. Acaricia con tus manos la superficie pulida y reflectante y siente cómo el cielo que está allí arriba, está también aquí abajo, rodeándote, acariciándote, integrándote.

Y cuando sientas que estás listo para abandonarte y dejarte llevar por completo, cuando comprendas la perfección de lo que te rodea, de tu conexión con todo ello y, más que de cualquier otra cosa, lo perfecto que eres tú mismo, entonces, sin miedo, despacio, sabiendo que no existe peligro alguno para ti, deja que tu cuerpo entero se sumerja en las aguas del lago estelar. Abandónate al poder purificador y renovador del lago, a la revelación del misterio de la noche que se puede leer en todas y cada una de las estrellas que, junto contigo, comparten el baño mágico y relajante. No nades, no bucees, no te esfuerces en tomar aire para permanecer sumergido, ni mantengas la respiración de ningún modo. Sigue respirando de manera natural y relajada, profunda; tu actual estado no distingue entre el aire, el agua, el vacío, pues estás en todas partes al mismo tiempo, incluso fuera del tiempo... fuera del espacio.

Deja que todo tu cuerpo descanse. Permítete flotar sobre el lago y disfruta del manto estrellado. Relájate, descansa.

Observaciones:

Fecha: .... / .... / ....

Luna menguante: la anciana

Fecha: .... / .... / ....

Fecha: .... / .... / ....

Fecha: .... / .... / ....

Fecha: .... / .... / ....

Fecha: .... / .... / ....

Meditaciones lunares

Fecha: .... / .... / ....

Fecha: .... / .... / ....

Fecha: .... / .... / ....

Fecha: .... / .... / ....

Luna nueva:
la muerte que no es la muerte

    Una particularidad de esta fase lunar es que la Luna sale de día y no de noche. Si observamos la salida de la Luna en el horizonte a partir del día del Plenilunio, descubrirás que cada día se demora unos 50 minutos, así que en el Novilunio la encontraremos lejos de la noche, pues se levanta y se acuesta al mismo tiempo que el Sol. Y, aunque la creencia general es que esta fase dura tan solo la noche que indican los calendarios, lo cierto es que su duración es de unos tres días y medio.

    La ausencia de la Luna en el cielo nocturno infunde respeto. Podemos imaginarnos cómo se sintió el hombre la primera vez que miró hacia arriba y descubrió que el plateado astro no presidía la noche. Probablemente tuvo pánico y lloró muchísimo al pensar que no volvería a verla, que era la muerte y que veló durante los tres días y las tres noches de oscuridad sin dejar de mirar hacia el manto de estrellas, rociándose con ceniza, bailando danzas sagradas y entonando cánticos de alabanza y promesas, en un ritual de devoción y súplica, rogando para que la Luna retornase.

En la cuarta noche, ese primer hombre, al contemplar el finísimo Arco de Diana comprendería que la muerte no era otra cosa que el preámbulo de una nueva vida. Entonces, comenzó a imaginar qué habría pasado la Luna durante esas tres noches en las que había estado "muerta", qué lugares habría transitado, qué horrores habría descubierto, o qué posibilidades y aprendizajes había obtenido sobre los que fundamentar su nueva vida. Entonces se dio cuenta de que, al igual que las otras fases no eran otra cosa que las fases de su propia vida, esta última también lo era, y lo comprendió en su más profundo y poderoso significado: morir para vivir de nuevo.

Así llegamos a la conclusión de que la vida y la muerte van de la mano, son inseparables porque forman parte del mismo círculo, del mismo "nudo interminable", que por muchos recovecos, vueltas o líos que uno tenga que vivir jamás se termina, aunque cada vez que se recorra se encuentren nuevos recovecos, vueltas y líos.

Voy a proponerte tres ejercicios para realizar en estas tres noches sin Luna.

El primero, "La Nada", va a estar relacionado con la idea de la muerte como el momento en que uno traspasa el umbral y entra en la NADA. El segundo, "Luz y Oscuridad", encaminado a la comprensión de nuestra naturaleza dual. En todo ser humano hay una parte luminosa y otra oscura y ambas son importantes pero deben estar reconciliadas. Y en el tercero, "El Santuario Interior" voy a enseñarte a descubrir tu templo interior, en el que residen tu espíritu y tu propia naturaleza divina, para que puedas refugiarte en él cada vez que lo desees.

Ejercicio 19: la nada

Toma la postura adecuada y relájate. Respira profundamente y libera tus pensamientos. Despeja tu mente, deja que todo desaparezca de ella y quédate tan solo con la imagen de tus propios pies, descalzos, sobre un estrecho sendero de arenas blancas, secas, cálidas...

No percibes nada más a tu alrededor, pues sólo prestas atención a tus pies y a ese cómodo y apetecible sendero por el que comienzas a caminar, despacio, colocando primero un pie, luego el otro, con calma y suavidad.

Eres consciente de que el sendero discurre de manera descendente, siempre hacia abajo, en un ángulo regular y constante, que hace cómodo y agradable tu paseo.

Nada hay ante tus ojos más allá del sendero y de tus pies descalzos. No mires atrás, ni hacia los lados, ni hacia delante, sólo al sendero de arenas blancas por el que descienden, suavemente, tus pies descalzos.

Tómate tu tiempo, el sendero será tan largo o tan corto como tú lo sientas, como tú lo necesites. No tienes ninguna prisa.

Y justo cuando decides que ya no deseas seguir caminando, se materializa ante ti el marco de una puerta, solamente el marco. Desde donde te has detenido puedes ver que, al otro lado, sólo hay oscuridad.

Estás parado frente al umbral, ya no existe el sendero, nada hay que puedas ver más que el umbral hacia lo oscuro y tus manos. Tus manos que tantean el marco de la puerta, asegurándote de que es real y descubriendo de qué material está hecho: madera, metal, piedra... Sólo tú podrás descubrir de qué está hecho tu marco. Sólo tus manos y tus ojos te pueden decir cómo es, o de qué es. Y lo estudias todo el tiempo que necesites, acumulando fuerzas y valor, pues cuando estés listo has de atravesar ese umbral. El que te separará de la luz de la que has venido, el que te llevará a esa oscuridad que se promete en su interior.

Atraviesa el umbral. Entrar en esa negrura es como perderse, como perderte a ti mismo. No sabrías decir si es sólido, líquido o gaseoso aquello que te envuelve. No ves nada. No oyes nada. No hueles nada. No sientes nada. Es como si flotaras, como si hubieses perdido el control de todo tu cuerpo, como si todo lo que de material tiene la existencia hubiese desaparecido por completo. Al igual que el umbral, todo se ha desvanecido. Todo menos tú.

Abandónate por completo a esas sensaciones. Flota en la Nada. En la Nada. Olvida que una vez fuiste materia. Olvida que conociste las dimensiones. Olvida que supiste del tiempo. Olvida, olvida... Flota, flota...

Acoge esa libertad como algo maravilloso, como la plenitud de tu conciencia, como el abandono de las ataduras, como el final de aquello que te hizo mantener tu naturaleza corpórea. Flota. Flota en la calma y tranquila Nada. Siente cómo te envuelve y te abraza, cómo te reclama para que formes parte de ella. Déjate llevar. Déjate abrazar. Deja que lo que has sido hasta entonces empiece a disolverse.

Fúndete mientras flotas. Deja que se desprendan y desaparezcan todas tus emociones humanas, todos tus sentimientos humanos, todas tus cargas humanas, los miedos, las dudas, las culpas... Déjalas ir como si fuesen partes de tu naturaleza física que se convierten en cenizas. Cenizas que vuelan en la Nada, que se disuelven en la Nada, que desaparecen para siempre en la Nada.

Deshazte, poco a poco, de todo tu ser humano. Haz de ti alimento de la Nada. Experimenta el desapego, la desaparición de las presiones, la innecesaria búsqueda de metas. Vacíate por completo, despójate de tu ser. Abandona lo que has sido, conviértete en cenizas. Cenizas que vuelan en la Nada, que se disuelven en la Nada, que se convierten en esa misma Nada... Deja de existir.

Disfruta todo lo que puedas de esa sensación de no estar, de no pertenecer a nada, de libertad absoluta, de tranquilidad absoluta, de serenidad absoluta. Olvida, flota...

Y cuando te hayas deshecho de la persona que eres, cuando estés listo para avanzar y renacer, para volver a ser tú (un tú mejorado y perfecto, un tú más libre, más sabio, más tranquilo, más maravilloso...), sólo entonces, la Nada permitirá que en sí misma se materialice de nuevo el umbral. Y al otro lado del umbral sólo hay luz.

La luz convoca a tu espíritu inmortal, y esa parte de la Nada que se ha hecho con tu esencia es atraída por su llamada. Sin que tú necesites ni de tu voluntad ni de tu esfuerzo, sin que puedas hacer nada ni para promoverlo ni para evitarlo. Puedes sentir de nuevo, puedes oír de nuevo, puedes respirar de nuevo. Eres de nuevo.

Y ves tus pies descalzos posados sobre el sendero de arenas blancas, cálidas y hermosas, y la trayectoria ascendente del sendero. Y empiezas a caminar, despacio, poniendo suavemente un pie delante del otro. Sin prisa. Sin pausa. Renovado. Renacido. Más fuerte. Más preparado. Más capaz.

Tómate tu tiempo para subir por el sendero. Con cada paso que das te haces más consciente de ti mismo. Más real. Más verdadero.

Y cuando decidas que ya has caminado lo suficiente retorna a tu ser, respira profundamente. Sin abrir los ojos estira el cuello, los hombros, los brazos y la espalda. Mantén los ojos cerrados unos instantes más. Sólo un poco más. Un poco más... Abre los ojos.

Meditaciones lunares

Observaciones:

Fecha: .... /.......... /..................

Fecha: .... /.......... /..................

Fecha: .... /.......... /..................

Fecha: .... /.......... /..................

Luna nueva: la muerte que no es la muerte

Fecha: .... / .... / ....

Fecha: .... / .... / ....

Fecha: .... / .... / ....

Fecha: .... / .... / ....

Ejercicio 20: luz y oscuridad

La importancia de este ejercicio está en hacer que todos comprendamos que tenemos una naturaleza dual, que no somos buenos o malos, sino que en nosotros conviven ambas naturalezas, en mayor o menor medida.

Colócate adecuadamente, relaja tu cuerpo y despeja tu mente, regulariza tu respiración y deja que los ritmos de tu cuerpo se apacigüen. Vas a volver al cine, a sentarte en tu butaca preferida. Cómodamente. Tranquilo. En soledad. Seguro. Y ante ti se despliega la familiar pantalla blanca, inmaculada y limpia.

Fíjate bien en la pantalla, algo se está materializando en su mismísimo centro. Algo que va creciendo poco a poco. Despacio. Rectangular. Grueso: un libro. Un gran libro, con unas palabras grabadas en su portada. Letras que parecen hechas en relieve. Letras hechas de plata, de plata de luna, que provocan una sombra de sí mismas. Dicen: ÁLBUM DE FOTOS DE MI VIDA. De tu vida.

Está cerrado, es como si esperase que alguien lo abriese. En realidad te espera a ti, que lo ves desde tu butaca. Espera a que tengas el valor de enfrentarte a la persona que verdaderamente eres.

Entonces, desde tu butaca, haces un gesto con la mano, como cuando pasas la hoja de un libro, y el álbum se abre para ti, se acomoda en toda la pantalla del cine. La primera página está en blanco. Desde tu butaca, haces el mismo gesto con la mano para pasar la hoja.

Entonces, ante tus ojos se revelan dos realidades complementarias y contrapuestas entre sí: en la página de la derecha puedes ver una fotografía de ti mismo, tal cual estás en este momento, sentado tranquilamente en tu butaca de cine, un fiel retrato de tu realidad.

Pero en la página de la izquierda está el negativo de esa fotografía, al mismo tamaño, con sus colores convertidos en blancos y negros; juegos de oscuridades y transparencias, como el reflejo que un espejo te devuelve pero desprovisto de todo color y textura.

Estás viendo, al mismo tiempo, las dos partes que conviven en tu naturaleza, el positivo y el negativo, que son indivisibles entre sí a pesar de ser totalmente contrarias.

Te concentras en ambas imágenes. Son tu positivo y tu negativo, y ambas empiezan a mostrarte la verdad de la persona que eres.

Pasas la hoja para ver qué hay más adelante.

En la página de la derecha hay un positivo de ti mismo, ese que muestras al público, el que te esfuerzas en que los demás conozcan, el que oculta la parte que no deseas que descubran. En él hay una enorme cantidad de cosas buenas y maravillosas, pero los miedos y las culpas, las dudas y los prejuicios, hacen de él un hipócrita en más ocasiones de las que te atreves a confesar. Es esa parte de ti que "aparenta ser", en la que verdades y mentiras se entremezclan de tal manera que se hacen indistinguibles, pues muchas veces las mentiras acaban convirtiéndose en partes más reales de ti mismo de lo que lo son las verdades que te toca asumir. Es esa parte que retoca los currículums, que cuenta anécdotas de otros como si fuesen propias, que ríe chistes que no hacen gracia o que se enfada y enerva por simple solidaridad. Pero también es esa parte que se esfuerza en ser agradable a los demás, en integrarse con el resto del mundo, en participar de las vidas de otros.

En la página de la izquierda está el negativo de esa persona, la verdad que vive en su interior y que se oculta al resto, lo que te guardas para ti. En muchos casos estas cosas ocultas y secretas son aspectos negativos que te niegas a mostrar al público, cosas de las que te avergüenzas o que temes que te perjudiquen en el caso de hacerse públicas. Es el negativo de esa persona que aparentas ser, puedes ver quien realmente eres, los motivos que te hacen reír cuando deseas llorar o gritar, las razones que te llevan a unirte a personas que ni te interesan ni te gustan, la parte de ti que sufre los rechazos que disimulas en público y que se alegra sinceramente por tus éxitos, la que aplaude tus logros en silencio pero que no permite que los demás sean testigos de tu regocijo, la que no desea que otros se sientan mal ante tus éxitos ni tampoco disfruten ante tus fracasos. Pero también es esa parte de ti que te muestra las cosas que guardas por el simple deseo de guardar, porque son tuyas, propias, porque te resultan tan maravillosas e importantes que no deseas compartirlas.

Y según vas mirando ambas páginas, te vas dando cuenta de que el positivo y el negativo no son incompatibles, tan sólo son dos partes de ti mismo que puedes reconciliar sin ningún tipo de problema, pues ambos son lo que tú eres: el tú público, el que permites que los otros conozcan, y el tú secreto y personal que todavía no te sientes preparado para lanzar al exterior.

Y tus manos pasan a las páginas siguientes.

Y de nuevo te encuentras a la derecha el positivo de tu imagen. Ahí estás cuando aceptas las cosas, cuando reconoces los errores y los aciertos, cuando admites los errores y los aciertos de los demás, cuando te sientes libre de asumir cualquier cosa y enfrentarte a ella. El luchador, el valiente, el trabajador, la parte que acepta y que se acepta.

Pero el negativo de la izquierda te hace, muchas veces, ocultar esas cosas que te pasan o que tú mismo haces que pasen. Miente para no reconocer sus fallos, exagera sus aciertos, culpa a otros, se aprovecha de otros. También está aquí esa parte que sufre cuando otros se aprovechan de ti, de tus logros y aciertos, de tus esfuerzos. Que no tiene fuerzas para luchar cuando te encuentras frenos para conseguir tus metas. El cobarde que deja que los demás coarten tu libertad y tus ambiciones, la parte que niega y que se niega...

Pero según te vas centrando en ambas imágenes te das cuenta de que hay tanto de bueno o de malo en el uno como en el otro, y que ambos pueden superponerse para hacer de ti la persona que deberías ser. La persona que deseas ser. La que realmente eres en lo más profundo de ti mismo.

Y pasas a las páginas siguientes.

Y en la nueva foto en positivo ves la persona que eres cuando estás en el pensamiento, cuando lo que ocupa tu mente está marcado por las necesidades de la vida que estás viviendo, por las circunstancias que te rodean, tratando de ser objetiva, sin permitir injerencias sentimentales o anímicas, esforzándose en anular aquello que carezca de un sentido práctico y de mejora.

Pero el negativo muestra todo lo contrario. Te ves ahí como la persona que siente, que permite que las sensaciones y los instintos se pongan por encima de las convenciones y de las conveniencias, que es totalmente subjetiva, y que da mucha más importancia al sentir que al pensar, al adivinar que al saber, a la esperanza que a la consecución.

Conjugas ambas imágenes para conseguir que se entremezclen y formen una única fotografía completa, en la que pensamientos y sentimientos sean compatibles y permitan que tu "yo que piensa" y tu "yo que siente" sean una misma persona.

Y tu mano pasa la hoja.

Y entonces ves positivada a esa parte de ti que es capaz de amar, la que llaman "parte buena de uno mismo", la que quiere a otras personas, la que desea lo mejor para otros, la que busca un mundo más agradable y aceptable para todos. Pero también está en ella la que desea con pasión, la que desea y ama con posesión, la que quiere lo que otros tienen, la que envidia, la que tiene miedo de que le arrebaten lo suyo.

Y en el negativo está esa parte de ti que llaman "mala", la que odia, la que detesta, la que desea el mal para otros, la que no cuida del mundo en que vive. Y también aparece la que odia las injusticias, la que desea la desaparición de los que hacen daño, la que aborrece la oscuridad que existe en los corazones de todas las personas.

Y te das cuenta de que no hay tanto bien en uno ni tanto mal en el otro, que el bien y el mal que hay en ti dependen, casi siempre, de hacia quién o qué van enfocados tus pensamientos y sentimientos. No eres ni bueno ni malo, amas y odias porque ambos sentimientos son caras de una misma moneda. Eres completo y maravilloso porque sabes de la existencia de ambos extremos y tienes la capacidad de moverte entre ellos de forma natural. Eres humano. Eres perfecto.

Y así podrías estar pasando hojas y hojas del álbum de tu vida, descubriendo la luz y la oscuridad de tu interior, la luz y la oscuridad que existen en el exterior de ti, independientemente de ti, de tus actos, de tus deseos, de tu manera de pensar y de sentir. Pues tú eres el compendio de lo que hay en ti, y tu positivo y tu negativo son necesarios para hacer el ser completo que le entregas al mundo. Y nada hay en el mundo más hermoso que una persona consciente de cómo es en realidad.

Respira profundamente y abre los ojos.

Observaciones:

Fecha: .... / .... / ....

Luna nueva: la muerte que no es la muerte

Fecha: .... / .... / ....

Fecha: .... / .... / ....

Fecha: .... / .... / ....

Fecha: .... / .... / ....

Ejercicio 21: el santuario interior

En esta práctica vas a crear tu propio "Santuario Interior", un lugar al que tu mente pueda acudir cada vez que lo necesites, en donde puedas ser tú mismo y relajarte, descansar y, además, si tal es tu deseo, practicar la oración o la conversación con todo aquello que no existe en el plano de nuestra naturaleza real y corpórea. Una vez creado, podrás usar este lugar como desees, como necesites, pues será sólo tuyo. Este es un ejercicio que podrás hacer sentado o acostado, aunque te recomiendo que en las primeras ocasiones lo hagas sentado en tu habitual postura de meditación, para que puedas completar el diseño de tu santuario al completo, sin dormirte a medio camino.

Empieza por colocarte en la postura adecuada, relájate y cierra los ojos. Deja que tu mente viaje. Visualiza como tu reflejo mental se separa de tu cuerpo físico y se transporta, de manera instantánea, a otro lugar. Un lugar todavía no definido. Es como si todo tu ser estuviese de pie sobre un pedestal inmensamente alto, tanto que casi podrías tocar las nubes. Sientes como si todo girase a tu alrededor, como si fueses el centro de una gran ruleta y todos los paisajes, naturalezas, climas, todo lo que tu mente sea capaz de imaginar estuviese rodeándote en un juego de elección mientras tú lo miras. Estudiándolo. Eligiendo.

Grandes montañas se forman alrededor de tu pedestal. Bosques inmensos en los que las estaciones te muestran diversas estampas. Amplias praderas, jardines, océanos, espacio estrellado del cielo nocturno... Todo, absolutamente todo lo que seas capaz de imaginar gira a tu alrededor, esperando tu elección, esperando a detener su movimiento, justamente, en el lugar por el que quieres buscar tu Santuario Interior. No hay prisa. Elige con calma el escenario que más te agrade. Decide qué te sugiere cada cosa. Deja que todo gire más despacio, cada vez más despacio. Lentamente. Desapareciendo poco a poco todo aquello que has desechado, hasta que sólo quede un escenario: tu escenario, personal y privado. Y, cuando estés totalmente seguro de tu elección, deja que todo se detenga y se haga totalmente real.

Antes de empezar a moverte trata de sentir, al completo, todo tu escenario. Utiliza tu vista para disfrutar de los colores y las texturas. Observa si todo está inmóvil o si hay movimiento. Huele el aire que te rodea y permite que tu olfato te traiga recuerdos agradables. Siente la temperatura ambiente. Escucha los sonidos que te envuelven. Vas a caminar por ese lugar, es necesario que lo sientas como algo tuyo, que lo conozcas bien, que saborees aquello que en él hayas imaginado comestible. Que toques, huelas, escuches, mires. Que disfrutes del camino que vas a recorrer, pues en el camino se encuentran, algunas veces, mayores dones que en las metas.

Ahora elige una dirección. Has de ir hacia algún sitio. Tu Santuario te está esperando. Decide de nuevo, crea un sendero por el que caminar, cómodamente, felizmente. Disfruta del camino y de lo que te rodea. Tómate tu tiempo. Es tu paisaje y has de conocerlo y comprenderlo, pero no te detengas. No te salgas del sendero, sigue siempre hacia adelante.

Tú has creado tu paisaje y tu sendero. Algo libre y privado. Seguro de que nada podría obstaculizar tu paseo. Pero ante ti, donde antes no había más que sendero y paisaje, sin que tú hayas podido hacer nada para evitarlo, ha aparecido una enorme barrera que lo ocupa todo, que te obliga a detenerte, a enfrentarte a ella. Sin miedo. Con calma. Sin deseo alguno de salirte del sendero ni de volver atrás, pues es una barrera hermosa que te produce curiosidad y un enorme deseo de traspasarla.

¿Cómo es tu barrera? Debes decidir de nuevo cómo es esto a lo que te enfrentas. Quizá sea algo que podría haber hecho algún hombre, o es un obstáculo totalmente natural. Podría ser de piedra, de metal, de madera... o una simple pared de enredadera o de árboles entrelazados. Investígala. Permite que su naturaleza cambie hasta que sea exactamente la barrera que tú desearías haberte encontrado. Trata de percibirla con todos tus sentidos, conócela por completo, pues en cuanto la conozcas perfectamente, en cuanto la hagas tuya, encontrarás la puerta que te permitirá seguir con tu camino.

¿Ya estás listo? ¿Amas la barrera? Entonces una puerta se materializará ante ti. Todavía cerrada. Una puerta que también has de diseñar, acorde con tu barrera. Hermosa. Que te promete maravillas al otro lado. Que te anima a avanzar. Pero primero tienes que conocerla bien, saber de qué está hecha, cómo es su pomo o su manilla, hacia dónde se abre, cuál es su color... Cuando ya lo sepas, cuando ames tu puerta, visualiza cómo tus manos la abren y traspasa el umbral.

Acabas de entrar en tu Santuario Interior. Tras de ti sientes cómo, suavemente, sin ruido, tu puerta se cierra y desaparece.

Imagina el lugar más tranquilo que una mente pueda crear. El más acogedor que una mente pueda crear. El más personal que tu mente pueda crear. Deja que ante tus ojos se forme ese remanso de paz que es solo para ti. Créalo de la nada. Puede ser una cueva iluminada con velas o con una hoguera, un bello santuario en el medio de un lago, una playa de arenas blancas, un círculo de piedras en medio de un frondoso bosque, una burbuja transparente en la que viajar por los más lejanos lugares del cosmos... Puede ser todo lo que tú quieras. Así que tómate tu tiempo para diseñarlo. No tienes prisa, nadie puede entrar ahí, nadie te molestará, nadie te juzgará. Nadie verá lo que haces. Es únicamente tuyo, y ahí todo está permitido.

Has de crear hasta el más mínimo detalle. Quizá hayas decidido que necesitas una mesa con comida y bebida, unos cómodos sillones llenos de cojines... Quizá algo más sencillo como una simple fogata o algo más elaborado como una hermosa cabaña de madera sobre el más enorme y bello de todos los árboles que se puedan imaginar. Eres el diseñador, el decorador, el propietario de todo. Lo único importante es que sea un lugar en el que te sientas totalmente seguro y en paz, donde puedas acomodarte, relajarte, descansar.

Y ahora has de decidir cómo deseas pasar el tiempo dentro de tu Santuario. Quizá sólo quieras liberar tensiones y dormir protegido del mundo material. Quizá desees meditar profundamente, quizá estés buscando explicaciones o consuelo.

En tu Santuario sólo puede entrar aquello que tú convoques, aquello que tú desees que entre. Sólo podrá entrar si tú estás dentro, y siempre se marchará antes de que tú te vayas. Así pues, es el momento de orar, de recuperar la presencia, la voz, el contacto de alguien que ya has perdido. No pasa nada si lo traes. Es tu Santuario. Su función es poner paz en tu espíritu y hacerte feliz.

Tómate tu tiempo para disfrutar de lo que has creado, de lo que has convocado, o de tu soledad si esa ha sido tu elección. No hay prisa. Nada de lo que has hecho desaparecerá, ya existe para siempre, puesto que tú lo has hecho real para ti mismo. Y puedes quedarte ahí todo el tiempo que desees.

Cuando estés listo para marcharte, el Santuario abrirá una puerta para ti. No tienes más que atravesar el umbral y salir a tu paisaje. Sólo existirá tu paisaje y el sendero que te llevará de vuelta al mundo real. El Santuario habrá desaparecido. Habrá desaparecido la puerta, habrá desaparecido la barrera. Y, a medida que tu espíritu vaya reintroduciéndose en tu cuerpo físico, a medida que vayas desandando lo andado por el sendero, tu paisaje también desaparecerá. Entonces respira profundamente, sin abrir los ojos desperézate un poco, si lo deseas da un buen bostezo. Ahora, vuelve al mundo real.

Observaciones:

Fecha: .... / .... / ....

Meditaciones lunares

Fecha: .... / .... / ....

Fecha: .... / .... / ....

Fecha: .... / .... / ....

Fecha: .... / .... / ....

Fecha: .... / .... / ....

Luna nueva: la muerte que no es la muerte

Fecha: .... / .... / ....

Fecha: .... / .... / ....

Fecha: .... / .... / ....

Fecha: .... / .... / ....

Fecha: .... / .... / ....

_____

_____

Fecha: _____ /_____ /_____

_____

_____

_____

_____

Fecha: _____ /_____ /_____

_____

_____

_____

_____

Realmente espero y deseo que hayas logrado realizar con éxito este ejercicio, pero si no has sido capaz porque te has desconcentrado o porque no has terminado de encontrar el paisaje, la barrera, la puerta o el Santuario perfectos no te preocupes, puedes seguir trabajando en ello hasta que encuentres justo lo que necesitas. Luego, cuando ya tu mente conozca hasta el último detalle de todo lo que esta práctica te pide, podrá viajar directamente hasta la puerta o, incluso, hasta el interior del Santuario cada vez que lo necesites.

Te recomiendo que trabajes esta visualización, pues acudir a tu sitio secreto te ayudará a solucionar muchos de esos problemas que surgen en la vida diaria, te permitirá relajarte y acceder al sueño de una manera más agradable y tranquila, si eres religioso verás que es una forma muy íntima de hacer oración y, si tan sólo necesitas paz o una tranquila conversación con alguna emanación de tu propio ser, descubrirás que éste es el lugar en el que puedes comunicarte con total y absoluta libertad.

Epílogo

Hace veinticinco años, si alguien me hubiese preguntado acerca de la meditación, la hubiese definido como "eso que hacemos cuando nos concentramos en un problema para encontrar la mejor solución o cuando hemos de tomar una decisión difícil", es decir, cuando pensamos mucho, muchísimo en algo que nos resulta complicado o duro.

Después descubrí que meditar era una cosa muy diferente, que en realidad era una herramienta con la que mejorar mi vida, fortalecer mi cuerpo, mi mente y mi espíritu, levantar el ánimo, revitalizarme y adquirir mayores cuotas de salud y también cierta sabiduría y, además, comprendí que las visualizaciones eran un primer paso para acceder más adelante a niveles más profundos de meditación.

Aprendí que volcarse en el interior de uno mismo es una experiencia gratificante y vivificadora que nos ayuda a ser mejores personas, a comprendernos mejor y a respetar más todo lo que nos rodea. Me di cuenta de que, al entrar en mí misma y descubrir los recovecos y las oscuridades de mi propio ser, encontraba también nuevos canales de comunicación y vías de entendimiento que me permitían luego conectar mucho mejor con las demás personas. Y disfruté muchísimo durante mi aprendizaje, al igual que sigo disfrutando ahora mientras enseño a otros y, al mismo tiempo, aprovecho todo lo que ellos me enseñan a mí.

Esa es la verdadera sabiduría, el saber que jamás dejas de aprender, el saber que siempre hay algo que puedes enseñar a los demás.

Por eso quiero animarte a que hagas de la meditación una parte habitual en tu día a día, intenta crearte una rutina de práctica y sé disciplinado pero no te limites a las palabras escritas en este libro o en otros. No permitas que te frenen las normas o los usos de las diferentes escuelas de meditación o mística, ni te quedes varado en una misma práctica todo tu tiempo. Experimenta.

Experimenta, sí. Adapta, modifica y personaliza todo lo que puedas aprender de las diversas fuentes que se pongan a tu alcance. Crea tus propios ejercicios y verifica su efecto en tu persona y luego, cuando hayas comprobado que son beneficiosos y útiles ¡compártelos con otros a quienes también puedan aportarles algo bueno!

Medita, querido lector. Medita, visualiza, disfruta de la hermosa Luna y sus energías benefactoras y curativas y, sobre todo, sé feliz.

Agenda
lunar

Luna creciente

☽ Fecha: .... / .... / ....
....
....
....
....
....

☽ Fecha: .... / .... / ....
....
....
....
....
....

☽ Fecha: .... / .... / ....
....
....
....
....
....

Meditaciones lunares

☽ Fecha: .... / .... / ....

☽ Fecha: .... / .... / ....

☽ Fecha: .... / .... / ....

☽ Fecha: .... / .... / ....

Agenda lunar

☽ Fecha: .... / .... / ....

☽ Fecha: .... / .... / ....

☽ Fecha: .... / .... / ....

☽ Fecha: .... / .... / ....

Meditaciones lunares

☽ Fecha: .... / .... / ....

☽ Fecha: .... / .... / ....

☽ Fecha: .... / .... / ....

☽ Fecha: .... / .... / ....

Agenda lunar

☽ Fecha: .... / .... / ....

☽ Fecha: .... / .... / ....

☽ Fecha: .... / .... / ....

☽ Fecha: .... / .... / ....

Meditaciones lunares

☽ Fecha: .... / .... / ....

☽ Fecha: .... / .... / ....

☽ Fecha: .... / .... / ....

☽ Fecha: .... / .... / ....

Agenda lunar

☽ Fecha: ..../........./............

☽ Fecha: ..../........./............

☽ Fecha: ..../........./............

☽ Fecha: ..../........./............

Meditaciones lunares

☽ Fecha: .... / .... / ....

☽ Fecha: .... / .... / ....

☽ Fecha: .... / .... / ....

☽ Fecha: .... / .... / ....

 Luna llena

🌕 Fecha: .... / .... / ....

🌕 Fecha: .... / .... / ....

🌕 Fecha: .... / .... / ....

Meditaciones lunares

🌑 Fecha: .... / .... / ....

🌑 Fecha: .... / .... / ....

🌑 Fecha: .... / .... / ....

🌑 Fecha: .... / .... / ....

Agenda lunar

🌑 Fecha: _____ / _____ / _____

🌑 Fecha: _____ / _____ / _____

🌑 Fecha: _____ / _____ / _____

🌑 Fecha: _____ / _____ / _____

Meditaciones lunares

🌑 Fecha: .... / .... / ....

🌑 Fecha: .... / .... / ....

🌑 Fecha: .... / .... / ....

🌑 Fecha: .... / .... / ....

Agenda lunar

🌑 Fecha: _____ / _____ / _____

🌑 Fecha: _____ / _____ / _____

🌑 Fecha: _____ / _____ / _____

🌑 Fecha: _____ / _____ / _____

Meditaciones lunares

🌑 Fecha: .... / .... / ....

🌑 Fecha: .... / .... / ....

🌑 Fecha: .... / .... / ....

🌑 Fecha: .... / .... / ....

Agenda lunar

🌑 Fecha: _____ / _____ / _____

🌑 Fecha: _____ / _____ / _____

🌑 Fecha: _____ / _____ / _____

🌑 Fecha: _____ / _____ / _____

Meditaciones lunares

Fecha: ..../.........../...................

Fecha: ..../.........../...................

Fecha: ..../.........../...................

Fecha: ..../.........../...................

Luna menguante

☾ Fecha: ..../.........../..............

☾ Fecha: ..../.........../..............

☾ Fecha: ..../.........../..............

Meditaciones lunares

☾ Fecha: .... / .... / ....

☾ Fecha: .... / .... / ....

☾ Fecha: .... / .... / ....

☾ Fecha: .... / .... / ....

Agenda lunar

☾ Fecha: _____ / _____ / _____

☾ Fecha: _____ / _____ / _____

☾ Fecha: _____ / _____ / _____

☾ Fecha: _____ / _____ / _____

Meditaciones lunares

☾ Fecha: .... / .... / ....

☾ Fecha: .... / .... / ....

☾ Fecha: .... / .... / ....

☾ Fecha: .... / .... / ....

Agenda lunar

☾ Fecha: .... / .... / ....

☾ Fecha: .... / .... / ....

☾ Fecha: .... / .... / ....

☾ Fecha: .... / .... / ....

Meditaciones lunares

☾ Fecha: .... / .... / ....

☾ Fecha: .... / .... / ....

☾ Fecha: .... / .... / ....

☾ Fecha: .... / .... / ....

Agenda lunar

☾ Fecha: .... / .... / ....

☾ Fecha: .... / .... / ....

☾ Fecha: .... / .... / ....

☾ Fecha: .... / .... / ....

Meditaciones lunares

☾ Fecha: .... / .... / ....

☾ Fecha: .... / .... / ....

☾ Fecha: .... / .... / ....

☾ Fecha: .... / .... / ....

Luna nueva

● Fecha: .... / .... / ....

● Fecha: .... / .... / ....

● Fecha: .... / .... / ....

Meditaciones lunares

● Fecha: .... / .... / ....

● Fecha: .... / .... / ....

● Fecha: .... / .... / ....

● Fecha: .... / .... / ....

Agenda lunar

● Fecha: .... / .... / ....

● Fecha: .... / .... / ....

● Fecha: .... / .... / ....

● Fecha: .... / .... / ....

Meditaciones lunares

● Fecha: ..../........./.............

● Fecha: ..../........./.............

● Fecha: ..../........./.............

● Fecha: ..../........./.............

Agenda lunar

● Fecha: _____ /_____ /_____

● Fecha: _____ /_____ /_____

● Fecha: _____ /_____ /_____

● Fecha: _____ /_____ /_____

Meditaciones lunares

● Fecha: .... / .... / ....

● Fecha: .... / .... / ....

● Fecha: .... / .... / ....

● Fecha: .... / .... / ....

Agenda lunar

● Fecha: .... / .... / ....

● Fecha: .... / .... / ....

● Fecha: .... / .... / ....

● Fecha: .... / .... / ....

Meditaciones lunares

● Fecha: .... / .... / ....

● Fecha: .... / .... / ....

● Fecha: .... / .... / ....

● Fecha: .... / .... / ....

Agenda lunar

● Fecha: .... / .... / ....

● Fecha: .... / .... / ....

● Fecha: .... / .... / ....

● Fecha: .... / .... / ....

Meditaciones lunares

● Fecha: .... / .... / ....

● Fecha: .... / .... / ....

● Fecha: .... / .... / ....

● Fecha: .... / .... / ....